Mäckelmann

Brahms · IV. Symphonie

MEISTERWERKE DER MUSIK
WERKMONOGRAPHIEN ZUR MUSIKGESCHICHTE

Begründet von
ERNST LUDWIG WAELTNER

Herausgegeben von STEFAN KUNZE

unter Mitarbeit von GABRIELE MEYER

Heft 56

MICHAEL MÄCKELMANN

JOHANNES BRAHMS

IV. SYMPHONIE E-MOLL OP. 98

WILHELM FINK VERLAG MÜNCHEN

Für Constantin Floros

Die Deutsche Bibliothek – CIP-Einheitsaufnahme

Mäckelmann, Michael:
Johannes Brahms, IV. Symphonie e-Moll op. 98 / Michael Mäckelmann. – München: Fink, 1991
(Meisterwerke der Musik; H. 56)
ISBN 3-7705-2637-6
NE: GT

ISBN 3-7705-2637-6

Herstellung: Ferdinand Schöningh GmbH, Paderborn

ENTSTEHUNGSGESCHICHTE

Zur Entstehung der IV. Symphonie, seinem vorletzten Orchesterwerk, dem lediglich noch das Konzert für Violine, Violoncello und Orchester op. 102 (1887) nachfolgen sollte, notierte Brahms mit kargen Worten in seinem Kalender von 1884: „IV. Symphonie. Die ersten Sätze", und in demjenigen von 1885: „IV. Symphonie. Finale und Scherzo" [Kalbeck III/2, S. 445; McCorkle, S. 402]. Wenn nicht alles trügt, hat Brahms seine letzte Symphonie im wesentlichen in den Sommermonaten jener Jahre, während seiner Aufenthalte im steiermärkischen Mürzzuschlag, unweit des Semmerings komponiert. Brahms' Angabe im Notizkalender von 1885 scheint darauf hinzudeuten, daß der vierte Satz vor dem dritten entstanden ist, wofür es allerdings keinen weiteren Anhaltspunkt gibt.

Am 25. Juni 1884 vermeldete Brahms an die Freunde Rudolf und Laura von Beckerath seinen Aufenthaltsort: „Mürzzuschlag in Steiermark (...)" [Kalbeck III/2, S. 435]. Daß er hier intensiv arbeitete, zeigt ein Brief, in dem er am 18. August an seinen Verleger Fritz Simrock* schrieb: „Wenn ich Ihnen nächstens einige Kleinigkeiten für Gesang schicke (gemeint sind hier Teile der opp. 91-97), so hoffe ich, es wird einiges für sie dabei sein (...)", und in einer Nachschrift vom 19. August bemerkte er: „Mein Kopist ist fleißig und schreibt alles mögliche für Sie – und andere. (...) Mir scheint aber, ich nehme besseres Papier mit mehr Systemen" [Briefwechsel XI, S. 66 und S. 68]. Am 16. Oktober kehrte Brahms nach Wien zurück [Kalbeck III/2, S. 445], und obwohl ein eindeutiger Beleg fehlt, darf vermutet werden, daß die beiden ersten Sätze der IV. Symphonie damals bereits weit gediehen, wenn nicht gar – wie Max Kalbeck annimmt – vollendet waren.

Trotz Brahms' sicherlich weitgehendem Stillschweigen in bezug auf die neue Symphonie (schließlich kann selbst die Bitte um „besseres Papier" im Brief an Simrock, wenn sie sich denn überhaupt auf

* Fritz Simrock (1838-1901): wichtigster Verleger Brahms' und später auch dessen Vertrauter.

die Symphonie beziehen sollte, nicht einmal recht als Andeutung verstanden werden) war in seinem Freundes- und Vertrautenkreis doch etwas darüber bekannt geworden.

Bereits am 26. Oktober 1884 erkundigte sich Elisabet von Herzogenberg* bei Brahms: „Heinz grüßt schön, er will wissen, ob die vierte Symphonie wahr ist. Julius Röntgen behauptet's, Heinz sagt aber, so 'was hätten Sie uns nicht so lange verheimlicht, das wäre zu unfreundlich für einen freigebigen Menschen wie Sie" [Briefwechsel II, S. 39]. An Clara Schumann hatte Brahms am 1. Oktober aus Mürzzuschlag geschrieben: „Von meinen Plänen kann ich nicht viel erzählen" [Litzmann I, S. 283]; doch auch sie fragte am 2. Dezember nach der Symphonie: „Was ich nun gern noch früge, brauche ich Dir wohl kaum zu sagen, ich möchte wohl, ich könnte einen Blick in Deine Kunststätte werfen! Du schriebst mir von Gesangssachen, die ich aber noch nicht sah, und viel höre ich von einer IV. Symphonie?" [ebda., S. 286].

Brahms waren die Anfragen offenbar lästig, denn zunächst erhielten weder Elisabet von Herzogenberg noch Clara Schumann Auskünfte über die Symphonie. Erstere ging am 4. Dezember bereits einem neuen Gerücht nach („Ist es wahr, daß Sie ein Cellokonzert schreiben...?" [Briefwechsel II, S. 43]), um allerdings am 11. Januar 1885 wieder auf die Symphonie zurückzukommen [ebda., S. 52]. Daß über das Werk freilich noch immer so gut wie nichts bekannt war, zeigt sich darin, daß Elisabet von Herzogenberg am 21. und 22. Mai wieder in einem Ton nach ihm fragt, als wäre noch keine Rede von dem Projekt gewesen: „Man munkelt von einer Symphonie, wie gewöhnlich; aber die Prinzeß von Meiningen schwört darauf. Ich bilde mir ein Streichquartett ein, nach einer Ihrer geheimnisvollen Bemerkungen in einer Postkarte" [ebda., S. 66]. Und schon am 3. Juni bittet sie Brahms, „doch auch noch das Streichquartett oder die Sym-

---

* Heinrich und Elisabet von Herzogenberg (1843-1900; 1847-1892): Der Komponist und seine Frau gehörten zum engsten Freundeskreis Brahms'. Elisabet von Herzogenberg genoß hohes Ansehen als verständige Musikkennerin beim Komponisten.

phonie, oder wie sonst ‚das Ding' (...) heißen mag", zu schicken [ebda., S. 71].

Den Sommer 1885 in der Steiermark verbrachte Brahms mit größter Wahrscheinlichkeit in die Vollendung der Symphonie vertieft. Noch aus Mürzzuschlag schrieb er Elisabet von Herzogenberg am 29. August endlich von dem Werk, über das er bis dahin so beharrlich geschwiegen hatte: „Dürfte ich Ihnen etwa das Stück eines Stückes von mir schicken, und hätten Sie Zeit, es anzusehen und ein Wort zu sagen? Im Allgemeinen sind ja leider die Stücke von mir angenehmer als ich, und findet man weniger daran zu korrigieren?! Aber in hiesiger Gegend werden die Kirschen nicht süß und eßbar – wenn Ihnen das Ding also nicht schmeckt, so genieren Sie sich nicht. Ich bin gar nicht begierig, eine schlechte Nr. 4 zu schreiben" [Briefwechsel II, S. 73f.].

Gerade weil Brahms so lange gezögert hatte, die Symphonie überhaupt nur zu erwähnen, wird sie zum Zeitpunkt des angeführten Briefes an Elisabet von Herzogenberg wahrscheinlich bereits abgeschlossen vorgelegen haben, auch wenn der Komponist nur „das Stück eines Stückes" avisierte. Daß Brahms die Verständnisschwierigkeiten kommen sah, die das neue Werk bereiten würde, zeigen verschiedene Briefe, mit denen er die Symphonie bald nach seiner Rückkehr aus Mürzzuschlag ankündigte. Vermutlich ebenfalls Ende August/Anfang September teilte er Hans von Bülow* mit: „Lieber und verehrter Freund, leider ist es mit dem Klavierkonzert, das ich gern geschrieben hätte, nichts Rechtes geworden. (...) Ein paar Entr'actes aber liegen da – was man so zusammen gewöhnlich eine Symphonie nennt. Unterwegs auf den Konzertfahrten mit den Meiningern habe ich mir oft mit Vergnügen ausgemalt, wie ich sie bei Euch hübsch und behaglich probierte, und das tue ich auch heute

---

* Hans von Bülow (1830-1894): Dirigent, Pianist und Komponist. Nach seinem Bruch von Richard Wagner wurde er zu einem engagierten Anhänger des Brahmsschen Werkes und zum Freund des Komponisten. Als Dirigent der Meininger Hofkapelle, der Hamburger Philharmonischen Konzerte und der Berliner Philharmoniker war er einer der bedeutendsten Interpreten von Brahms' Musik.

noch – wobei ich nebenbei denke, ob sie weiteres Publikum kriegen wird! Ich fürchte nämlich, sie schmeckt nach dem hiesigen Klima – die Kirschen hier werden nicht süß, die würdest Du nicht essen!" [Kalbeck III/2, S. 447]; und am 4. Oktober schrieb Brahms an Franz Wüllner*: „Eine Art Nr. 4 aber (...) will ich nächstens in Meiningen probieren, wo das sehr gründlich geschehen kann, ohne daß ein Konzert die Konsequenz ist! Ich zweifle, daß obgedachte Nr. 4 dafür geeignet ist!" [Briefwechsel XV, S. 121].

Daß Brahms gewisse Zweifel an seiner neuesten symphonischen Schöpfung hatte, belegt jedoch insbesondere ein Brief an Simrock, der etwa zur Zeit des genannten Briefes an Bülow entstanden sein dürfte.[1] Obwohl es Brahms hier bereits vor allem um organisatorische Fragen betreffs der Aufführung der Symphonie ging, kam er doch mehrfach auf seine ihr gegenüber gehegten Skrupel zu sprechen: „Nr. 4 (e moll) ist aber nicht im geringsten geeignet für den Fall!! Die Reise nach M(einingen) können Sie jedenfalls sich schenken. Übrigens ist die ganze Geschichte etwas fraglich. Die Kapelle und mit ihr die Kopisten kommen erst am 1. Oktober zusammen, mein hiesiger Kopist ist auch erst angekommen – so frägt sich, ob die Stimmen fertig werden; zum ersten November aber geht die Kapelle schon für 4 Wochen auf Reisen! Die Proben in Meiningen wären im günstigsten Fall in der zweiten Hälfte des Oktober. Im günstigsten Fall spielen wir die Symphonie wohl auch hier und da am Rhein oder in Holland, wohin die Reise geht. Was sind das für praktische Gründe, aus denen ich bald einen 4händigen Auszug herausgeben soll? Ich habe ja fürs Erste überhaupt keine Ahnung, ob ich das Ding drucken lassen werde! Dagegen aber: Wenn mir das Menschlichste passieren sollte (ich also nicht mehr mitreden könnte), dann soll Ihnen die Symphonie ohne weiteres gehören, d.h. geschenkt sein in Partitur- und Klavier-Arrangement, wie sie da liegt. Sonst aber will ich mir's noch überlegen! – Nun werden Sie mich wohl in Ruhe lassen und nur wünschen, daß

---

* Franz Wüllner (1832-1902): Dirigent und Komponist. Als Nachfolger Hans von Bülows leitete er die Uraufführungen von Wagners *Rheingold* (1869) und *Walküre* (1870) in München.

ich die Symphonie liegen lasse! Es wäre ein Unsinn, wenn Sie einen Groschen dafür ausgäben!“ [Briefwechsel XI, S. 103f.].

Im Freundeskreis spürte Brahms schon bald, daß er mit der IV. Symphonie etwas geschaffen hatte, was zunächst wenigstens ungewohnt wirkte und nicht gleich ungeteilten Beifall fand. Hatte Elisabet von Herzogenberg ihm als Antwort auf seine „Enthüllung“ am 1. September noch enthusiastisch geschrieben: „Ja, Sie ‚dürfen‘ das Stück von Ihrem Stück, das gottlob eine Symphonie zu sein scheint, herschicken und machen frohe Menschen damit“ [Briefwechsel II, S. 74], so schwieg sie sich nach Erhalt der Partitur des ersten Satzes – unter Entschuldigungen und gegen ihre Gewohnheit – bis Ende September fast gänzlich über das Werk aus. Erst am 31. September erhielt Brahms einen ausführlichen Brief, in dem die Freundin ihm ihre Begeisterung bis in die Details zu begründen suchte. Gleichwohl, ein kritischer Ton blieb: „Ich empfinde jetzt so deutlich die Hügel und Täler in dem Satze, daß ich darüber den Eindruck der Kompliziertheit verloren habe, oder vielmehr nicht mehr glaube, daß die Kompliziertheit, wie es mich anfangs dünken wollte, dem Werke zum Schaden gereicht, seiner Wirkung im Wege steht; höchstens kommt es mir vor, als hätte der Meister mit seiner Meisterschaft ein wenig Verschwendung getrieben!“ [ebda., S. 80f.]. Doch während in diesem Brief die Begeisterung alles in allem zu überwiegen schien, hatte Frau von Herzogenberg Brahms in einem nicht abgesandten und auch nicht abgeschlossenen Schreiben vom 8. September ihre Bedenken gegen die Symphonie darlegen wollen. Um dem Freund „die Chronologie in den Gefühlen eines ehrlichen Menschen“ [ebda., S. 80] nicht vorzuenthalten, fügte sie dieses Schreiben dem Brief vom 31. bei. Hier nun konnte Brahms unverschleiert lesen, weshalb er so lange auf eine Reaktion hatte warten müssen. „Man wird nicht müde, hineinzuhorchen und zu schauen auf die Fülle der über dieses Stück ausgestreuten geistreichen Züge, seltsamen Beleuchtungen, rhythmischer, harmonischer und klanglicher Natur (...)! Aber da ist auch der Punkt, wo ein gewisser Zweifel anhakt, der Punkt, den mir selber ganz klarzumachen mir so schwer wird, geschweige denn, daß ich 'was Vernünftiges darüber vorzubringen wüßte. Es ist mir, als wenn eben diese Schöpfung zu sehr auf das Auge des Mikroskopikers berechnet wäre, als wenn nicht für jeden einfachen Liebhaber die Schönheiten alle offen da lägen, und als wäre es eine kleine Welt für die Klugen und Wissenden, an der das Volk, das im Dunkeln wandelt, nur einen schwachen Anteil haben könnte. Ich habe eine Menge Stellen erst mit den Augen entdeckt und mir gestehen müssen, daß ich sie nur mit den Ohren meines Verstandes, nicht mit den sinnlichen und gemütlichen aufgefaßt hätte, wenn mir die Augen nicht zu Hilfe gekommen wären. Schieben Sie das auf die abstrakte Art meiner Bekanntschaft mit dem Stück, das natürlich gehört sein will, um seine ganze Kraft zu offenbaren – etwas bleibt vielleicht wahr daran, wenn nicht, so bin ich selig, mich getäuscht zu haben. – Mich will bedünken, daß, wenn es in der Gesamtwirkung dennoch einfach und unmittelbar erscheint, es dies gleichsam nur auf Kosten der darüber ausgebreiteten Schlinggewächse geistreicher Detailkombinationen erreichen kann, über die man hinwegsehen muß, um den Kern voll und ganz zu schmecken und zu genießen. Man ist förmlich wie auf der Jagd nach einem Brocken dieses oder jenes Themas, ja, wo es einmal auch nicht steckt, wittert man es und wird unruhig" [ebda., S. 86f.].

In den Bedenken Elisabet von Herzogenbergs spiegelte sich freilich gerade das Besondere des Werkes, richteten sie sich doch gegen die ungewöhnliche Konzentration der kompositorischen Gestaltung und damit nicht zuletzt gegen jene umfassende Integration der motivisch-thematischen Arbeit, mit der die IV. Symphonie bereits über sich hinauswies. (Kalbeck betonte später, daß „es sich bei dieser Nummer Vier [...] um grundlegende Neuerungen handelte"[Kalbeck III/2, S. 451].) Brahms nahm die Kritik ernst, seine Zweifel schienen sich zu bestätigen, und am 10. Oktober schrieb er – zwei Wochen vor der Uraufführung – an Frau von Herzogenberg: „Ob ich das Stück weiter den Leuten zumute, ist sehr fraglich" [Briefwechsel II, S. 90]. Noch vor Elisabet von Herzogenberg hatte auch Clara Schumann eher reserviert auf den ersten Satz reagiert. Am 17. September hatte sie Brahms geschrieben: „Einen anderen Dank hättest Du schon früher haben sollen, und zwar für die Symphonie (...). Du kannst Dir wohl denken, mit welchem Feuer wir darüber hergefallen sind, Frau v. H. (sc. Herzogenberg) hat sie bewunderungswürdig gespielt, wir haben verschiedentlich geschwärmt, ich auch wieder besonders in der

Durchführung, aber ein Urteil fällen, ohne den Gesamteindruck durch das Orchester gehabt zu haben, das würde ich mir nicht erlauben" [Litzmann I, S. 293].

Die ganze IV. Symphonie stellte Brahms erstmals Ende September/Anfang Oktober zusammen mit Ignaz Brüll* auf zwei Klavieren in Wien einigen Freunden und Bekannten vor, darunter Max Kalbeck, Eduard Hanslick, Theodor Billroth und Hans Richter**. Nach dem Bericht Kalbecks rief die Symphonie regelrechte Ratlosigkeit hervor, die sich darin zeigte, daß sich keiner der Anwesenden zu dem Werk äußern mochte [Kalbeck III/2, S. 451ff.]. Der erste Eindruck führte sogar dazu, daß Kalbeck (nach seiner Darstellung) Brahms kurz darauf ernstlich vorschlug, das Werk vorerst zurückzuziehen und umzuarbeiten. Das „Scherzo mit seinen abrupten Haupt- und ziemlich banalen Nebengedanken" sollte der Komponist „in den Papierkorb" werfen und „die großartige Chaconne als selbständiges Variationenwerk" herausgeben [ebda., S. 454]. Auch Hans von Bülow hatte vorerst seine Schwierigkeiten mit dem Werk. Am 17. Oktober bemerkte er in einem Brief: „- - Br(ahms) erwarten wir heute Nachmittag. - - Seine Vierte, E moll scheint schwer, recht schwer" [Bülow, S. 383]. Doch der durch die „Kompliziertheit" der Partitur getrübte erste

---

* Ignaz Brüll (1846-1907): Komponist; er ist vor allem mit einer Reihe zum Teil recht erfolgreicher Opern (u.a. *Das goldene Kreuz*, 1875) hervorgetreten.

** Max Kalbeck (1850-1921): Musikkritiker und -schriftsteller. Seine mehrbändige Brahms-Biographie (1904-14) ist noch heute ein Standardwerk. Eduard Hanslick (1825-1904): Musikkritiker, -schriftsteller und -forscher, dessen Abhandlung „Vom Musikalisch-Schönen" (1854) ein bedeutendes Dokument der Musikästhetik des 19. Jahrhunderts darstellt. In Wien war er als Kritiker der *‚Neuen Freien Presse'* der wohl einflußreichste Fürsprecher Brahms', dessen zunehmende Gegnerschaft zu Richard Wagner und später zu Anton Bruckner allerdings auch verzerrend auf die Bewertung des Komponisten eingewirkt hat. Seit 1861 war Hanslick Professor an der Wiener Universität. Theodor Billroth (1829-1894): Chirurg und Wissenschaftler, enger Freund Brahms'. Hans Richter (1843-1916): Dirigent; als Anhänger Wagners leitete er 1876 dessen *Ring des Nibelungen* in Bayreuth. In Wien wirkte er zwischen 1875 und 1898 als Dirigent der Hofoper, in den Philharmonischen Konzerten sowie in der Gesellschaft der Musikfreunde.

Eindruck verflüchtigte sich bald. Schon am 22. Oktober schrieb Bülow im Zusammenhang mit den Vorbereitungen zur Uraufführung: „Eben aus der Probe zurück. Nr. IV riesig, ganz eigenartig, ganz neu, eherne Individualität. Atmet beispiellose Energie von a bis z" [ebda., S. 385].

Die Uraufführung der IV. Symphonie fand am 25. Oktober 1885 in Meiningen im Rahmen eines Abonnementkonzerts der dortigen herzoglichen Hofkapelle unter Brahms' eigener Leitung statt. Am 1. November wurde das Werk ebendort wiederholt, dieses Mal dirigierte Bülow sein Orchester selbst [Kalbeck III/2, S. 455]. Gegen Brahms' eigene Zweifel und die ersten Bedenken im Freundeskreis wurde die Uraufführung zu einem einhelligen Erfolg (vgl. Dokumente II); und auch bei den Vertrauten stellte sich jetzt endgültig Begeisterung ein, wie unter anderem aus den entsprechenden Briefen Elisabet von Herzogenbergs und Clara Schumanns hervorgeht (vgl. Dokumente I und III). Im November folgten Aufführungen des Werkes durch die von Brahms geleitete Meininger Hofkapelle in Frankfurt am Main, Essen, Elberfeld, Krefeld, Köln und Wiesbaden sowie in Utrecht, Amsterdam und Den Haag [Kalbeck III/2, S. 456].

Die Wiener Erstaufführung der IV. Symphonie am 17. Januar 1886, bei der die Wiener Philharmoniker von Hans Richter dirigiert wurden, geriet gegenüber Meiningen weniger glücklich [Kalbeck III/2, S. 456f., vgl. Dokumente IV]. Sie führte sogar dazu, daß das Werk in Wien erst wieder im Jahre 1897, kurz vor Brahms' Tod und während seines letzten Konzertbesuchs (vgl. Dokumente VI), gespielt wurde. Über die Umstände, die zu diesem merkwürdigen Sachverhalt letztendlich geführt haben, läßt sich im Grunde nur mutmaßen. Tatsache bleibt, daß dadurch eines der Hauptwerke Brahms' in der Stadt, in der er in besonderer Weise anerkannt und geehrt war, mehr als zehn Jahre einer größeren Öffentlichkeit unzugänglich blieb. Fast mutet es an, als zeigten sich in dieser Vernachlässigung doch Vorbehalte gegen jene spezifische Komplexität der Komposition, die schon die Kritik der Freunde hervorgerufen hatte und die die Symphonie aus heutiger Sicht in manchem durchaus als ein „Schlüsselwerk" auf dem Weg zu einer Entwicklung erscheinen läßt, die bald nach der Jahrhundertwende gerade auch von Wien aus zu einer entschiedenen Neuorientierung im Hinblick auf das musikalische Material führen sollte. Daß der Wiener Mißerfolg jedoch eine Ausnahme darstellte, zeigt sich darin, daß allein bis zur Drucklegung des Werkes (bis Mai 1886) weitere Aufführungen in Berlin, Köln, Mannheim, Leipzig, Dresden, Breslau, Meiningen, Hamburg, Hannover und London folgten [McCorkle, S. 402].

Die Erstausgabe der Partitur erschien im Oktober 1886 im Verlag N. Simrock, Berlin [McCorkle, S. 403; Hofmann, S. 208f.]. Ab Anfang November 1885 korrespondierte Brahms mit seinem Verleger bereits über den Druck des Stimmenmaterials [Briefwechsel XI, S. 107ff.], obgleich es in einem Brief an Fritz Simrock vom 22. Oktober noch geheißen hatte: „Wenn Sie etwa im November nach Bonn oder so was kommen, können Sie die Symphonie sich bestellen. (...) Für Ihren Verlag ist das Stück übrigens ganz unbrauchbar!" [ebda., S. 105]. Im Zusammenhang mit den Überlegungen zur Veröffentlichung kam auch die Frage der Opuszahl auf, die Brahms zwar unwillig, jedoch prompt löste. Am 4. Dezember schrieb er an Simrock: „Was geht (...) Sie und mich die Opuszahl der e moll an? Übrigens wird sie wohl 98 sein" [ebda., S. 108]. Auch die Stimmen der IV. Symphonie kamen im Oktober 1886 heraus [McCorkle, S. 403], während Brahms' eigene Bearbeitung für zwei Klaviere bereits im Mai desselben Jahres erschienen war [ebda.]. Brahms' Bearbeitung für Klavier zu vier Händen wurde im Januar 1887 veröffentlicht [ebda.].

Bis zur Drucklegung von Partitur und Stimmen beschäftigten Brahms immer wieder Details der Komposition, auf die er nicht zuletzt auf Grund der Erfahrungen der ersten Aufführungen gestoßen war. Aufschlußreich in dieser Beziehung ist der Briefwechsel mit Joseph Joachim*. Am 3. November 1885 fragte dieser wegen der Möglichkeit an, das Werk aus dem Manuskript in der Berliner Akademie der Künste aufzuführen: „Wie ich höre, steht die Herausgabe Deiner neuen Sinfonie nicht unmittelbar bevor. Nachdem ich aber

* Joseph Joachim (1831-1907): weithin geehrter Violinvirtuose, Komponist und Dirigent. Seit 1853 war er eng mit Brahms befreundet. Für ihn ist u.a. Brahms' Violinkonzert op. 77 (1878) entstanden. 1868 wurde Joachim Direktor der Berliner Hochschule für Musik.

neulich durch die Güte von Herzogenbergs Deine herrliche Schöpfung am Klavier bewundert habe, treibt mich seitdem die Sehnsucht, sie vom Orchester ertönen zu lassen, in gleichem Maße wie die Pflicht gegen die mir anvertrauten Konzerte der Akademie zu der Frage und Bitte: ob ich die e moll-Sinfonie schon im Manuskript von Dir erhalten könnte?" [Briefwechsel VI, S. 213f.]. Nach Brahms' Zusage und der ersten Planung des Konzerts [ebda., S. 214ff.] entspann sich ein Briefwechsel, der sich insbesondere auch mit verschiedenen Fragen zur Partitur befaßte. Während Brahms Joachims Bitte nach Metronomzahlen abgeschlagen hatte [ebda., S. 216ff.], bat er ihn im Januar 1886 selbst wegen einiger spezifischer Probleme mit den Streicherstimmen um Rat [ebda., S. 219f.]; auch beschäftigte ihn auf Anregung Joachims [ebda., S. 222] die endgültige Gestaltung der Variante des ersten Themas zu Anfang des ersten Satzes (T. 19ff.), für die er eine Alternative vorschlug [ebda., S. 225f.]. Joachim hingegen riet schließlich doch von der Änderung ab [ebda., S. 226f.], die dann auch verworfen wurde.

Aus Joachims eigenen Bemerkungen und Fragen zur Partitur der Symphonie geht deutlich hervor, daß er sich besonders gründlich und voll Enthusiasmus mit dem Werk beschäftigte. So schrieb er am 1. Februar 1886 an Brahms: „Wir haben nun Deine herrliche Schöpfung heute in der Generalprobe durchgespielt, und ich darf hoffen, daß sie abends mit Sicherheit und Hingebung gespielt werden kann. Sie hat sich mir und dem Orchester immer tiefer in die Seele gesenkt. Der geradezu packende Zug des Ganzen, die Dichtigkeit der Empfindung, das wunderbar verschlungne Wachstum der Motive noch mehr, als der Reichtum und die Schönheit einzelner Stellen, haben mir's geradezu angetan, so daß ich fast glaube, die e moll ist mein Liebling unter den vier Sinfonien" [ebda., S. 221]. Im selben Brief drückte Joachim sein Bedauern darüber aus, daß Brahms die nachträglich vorgesehene Introduktion zum ersten Satz wieder gestrichen hatte, und er schlug vor, wenigstens eine Kurzfassung beizubehalten: „Daß Du die einleitenden Takte weggestrichen, möchte ich fast bedauern; wenigstens zwei gehaltene Takte, etwa:

hätte ich (...) gerne (...). Ohne Beziehung zum Verlauf der Durchführung wären meine (sc. Einleitungstakte) nicht ganz, wenigstens. –" [ebda., S. 221f.].

Brahms selbst hatte zeitweilig vier Einleitungstakte zum ersten Satz vorgesehen. Sie wurden nachträglich entworfen und in der Partiturreinschrift (die Brahms Joachim zur Verfügung gestellt hatte) am Ende des ersten Satzes aufgezeichnet [vgl. die Faksimileausgabe]. Ausgaben a)]. Wenngleich der Komponist schließlich ganz auf eine Einleitung verzichtete und zu seiner ursprünglichen Konzeption zurückkehrte, sind die von ihm zunächst vorgesehenen vier Einleitungstakte insofern nicht uninteressant, als er in ihnen offenbar jene Betonung der Subdominante zu markieren gedachte, die im Verlauf der Symphonie durchaus als charakteristisches Merkmal der harmonischen Gestaltung erscheint:

Beispiel 1

BRAHMS UND DIE SYMPHONIE

Als der junge Brahms um 1854 begann, sich mit dem Problem der Entwicklung seiner eigenen symphonischen Sprache auseinanderzusetzen, deren Ziel von Anfang an die Fortführung der Tradition der mehrsätzigen Symphonie sein sollte, gehörten die Höhepunkte jener ersten Phase der „Symphonie nach Beethoven", also Werke wie Felix Mendelssohns III. Symphonie in a-Moll op. 56 (1842, „Schottische") oder Robert Schumanns III. Symphonie in Es-Dur op. 97 (1850 „Rheinische") und IV. Symphonie in d-Moll op. 120 (1841; 1851), durchaus noch nicht irgendeiner entlegenen Vergangenheit an. Und es kann kein Zweifel darin bestehen, daß Schumann in seinem berühmten Brahms-Aufsatz „Neue Bahnen", den er im Oktober 1853 in der *Neuen Zeitschrift für Musik* veröffentlichte, nicht zuletzt im Hinblick auf die von ihm selbst propagierte und schließlich auch entscheidend mitgetragene Entwicklung einer von Beethoven weitgehend unabhängigen „neuen" Symphonie daran dachte, Brahms nachdrücklich als Mitstreiter zu ermutigen und zu empfehlen, wenn er unter anderem schrieb: „Am Klavier sitzend fing er (sc. Brahms) an, wunderbare Regionen zu enthüllen. Wir wurden in immer zauberischere Kreise hineingezogen. Dazu kam ein ganz geniales Spiel, das aus dem Klavier ein Orchester von wehklagenden und lautjubelnden Stimmen machte. Es waren Sonaten, mehr verschleierte Sinfonien (...). Wenn er seinen Zauberstab dahin senken wird, wo ihm die Mächte der Massen, im Chor und Orchester, ihre Kräfte leihen, so stehen uns noch wunderbare Blicke in die Geheimnisse der Geisterwelt bevor. Möchte ihn der höchste Genius dazu stärken, wozu die Voraussicht da ist, da ihm auch ein anderer Genius, der der Bescheidenheit, innewohnt" [Schumann, Bd. II, S. 301f.].

Doch Brahms erblickte sein Ideal der Gattung – trotz aller Achtung und Nähe – nicht in der Entwicklung, wie sie sich bei Mendelssohn und Schumann ausgeprägt hatte, sondern im Werk Beethovens. Tatsächlich waren jene „Symphonieskrupel", die schon Schumann mehr als zehn Jahre daran gehindert hatten, eine eigene Symphonie zu vollenden, und die erst durch die Bekanntschaft mit der 1839 von ihm selbst aufgefundenen großen C-Dur-Symphonie Franz Schuberts [vgl. ebda., S. 459ff.] und die bald anschließende euphorische Arbeit an der I. Symphonie in B-Dur op. 38 (1841, „Frühlingssymphonie") überwunden wurden, im Kern fast die gleichen, die Brahms Mitte der fünfziger Jahre befielen und schließlich dazu führen sollten, daß er über zwanzig Jahre zögerte, bis er seine I. Symphonie vorlegte. Auch für Brahms stellte sich wieder die heikle Frage, wie nach den allgemein als Gipfelpunkt betrachteten Symphonien Beethovens eine eigenständige Weiterentwicklung der Gattung überhaupt aussehen konnte.

Gleichwohl ging Brahms – sicherlich bestärkt durch Schumanns Zuspruch, dessen Veröffentlichung in den „Neuen Bahnen" und die damit verbundenen übergroßen Erwartungen bei ihm freilich auch zu Bedenken geführt haben dürften – bereits 1854 daran, sich einem ersten Symphonieplan zu nähern. Der Zusammenbruch Schumanns im Februar desselben Jahres wird von ihm zusätzlich als Verpflichtung empfunden worden sein.

Der Plan zur Symphonie war aus der Arbeit an einer Sonate für zwei Klaviere hervorgegangen. Schon im Sommer 1854 muß der erste Satz der Symphonie so gut wie abgeschlossen vorgelegen haben, da Brahms am 27. Juli an seinen Freund Joseph Joachim schrieb: „Was meine Partitur betrifft, so hast Du Dir wohl gedacht und ich auch Frau Schumann sehr gebeten, Dir zu sagen, daß ich das Gute, was sich darin vorfinden sollte, Grimm* verdanke, der mir mit dem besten Rat zur Seite stand. Das Mangelhafte und Schlechte, das wohl nicht so tief versteckt ist, hat Grimm entweder übersehen oder mein Eigensinn stehen lassen. (...) Ich habe mich eigentlich darüber immer gefreut, daß alles so gedrängt und kurz ist, weiß jedoch nicht, ob es, besonders für Orchester recht ist? Beim Schluß kommt es mir bisweilen vor, als sei es grade aus, bisweilen, als sollte jetzt erst die Koda anfangen! Ermunterst Du mich zu den andern Sätzen? ich komme mir dummdreist vor" [Briefwechsel V, S. 55f.]. Brahms' Bemerkungen belegen

* Julius Otto Grimm (1827-1903): Komponist und Chordirigent. Er war bereits früh mit Brahms sowie Robert und Clara Schumann befreundet.

vor allem seine überaus selbstkritische Haltung, die, obwohl das Werk offensichtlich vergleichsweise weit gediehen war, bald dazu führte, daß das Projekt der Symphonie in das 1. Klavierkonzert op. 15 mündete, das allerdings erst 1858 abgeschlossen wurde. Daß das Klavierkonzert – insbesondere auf Grund seines ersten Satzes – in manchem als „verkappte" Symphonie erscheint, ist demnach unmittelbar auf seine Herkunft zurückzuführen. Ein ursprünglich für das Scherzo der aufgegebenen Symphonie vorgesehener Entwurf wurde übrigens wahrscheinlich in den ersten Teil des zweiten Satzes („Denn alles Fleisch, es ist wie Gras") des *Deutschen Requiems* op. 45 (vollendet 1868) übernommen [Kalbeck II/1, S. 253].

Die 1857-59 entstandenen Serenaden op. 11 und op. 16 bildeten den nächsten Schritt in Brahms' Auseinandersetzung mit dem Symphonieplan. Beide Werke stellten für ihn Versuche dar, sich dem Ideal in einigen Momenten anzunähern, ohne ihm in letzter Konsequenz und mit allem Anspruch gerecht werden zu müssen. Einem Brief Brahms' an Joachim vom 8. Dezember 1858 ist zu entnehmen, daß die ursprünglich kammermusikalisch besetzte Vorstufe zur 1. Serenade zeitweilig sogar zur Symphonie umgearbeitet werden sollte. Der Komponist ahnte jedoch schon zu diesem Zeitpunkt, daß er über diesen Weg seine Vorstellungen nicht verwirklichen konnte: „Das Papier brauche ich, um nun doch schließlich die 1te Serenade in eine Sinfonie zu verwandeln. Ich sehe es ein, daß das Werk so eine Zwittergestalt, nichts Rechtes ist. Ich hatte so schöne, große Ideen von meiner ersten Sinfonie, und nun! –" [Briefwechsel V, S. 227]. Eine Vorfassung des ersten Satzes der späteren I. Symphonie entstand im Jahre 1862 [vgl. Urbantschitsch, S. 277f.[2]]. Doch obwohl Brahms schon im 1. Klavierkonzert bedeutende instrumentatorische Erfahrungen gesammelt und auch die Kraft zur Gestaltung eines großen, weitgehend symphonisch angelegten Satzes – wenn auch noch nicht eines genuinen Symphoniesatzes – bewiesen hatte, die in den Serenaden zugleich zurückgenommen und weiterentwickelt wurde, dauerte es noch vierzehn Jahre, bis er die I. Symphonie 1876 endlich beenden konnte. Die Brücke zwischen den frühen Orchesterwerken und -versuchen und der I. Symphonie sowie der ihr in den Jahren 1869-71 vorausgehenden Reihe großer Vokalwerke mit Orchester (*Altrhapso-*

die op. 53, *Schicksalslied* op. 54 und *Triumphlied* op. 55) bildete das *Deutsche Requiem*, in dem sich Brahms gerade auch in bezug auf die Entwicklung einer eigenwilligen und differenzierten Orchestersprache emanzipierte, und zwar weitaus entschiedener als in der Orchesterfassung der *Haydn-Variationen* op. 56a (1873), die ebenfalls häufig mit dem „Durchbruch" zur I. Symphonie in Verbindung gebracht wird.

Brahms' langer Weg zur Symphonie läßt sich mit demjenigen seines späteren „Antipoden"[3] Anton Bruckner vergleichen. Auch Bruckner hatte einen weiten Weg zurückgelegt, bevor er endlich über die f-Moll-Symphonie (1863) und die sogenannte Nullte Symphonie in d-Moll (1864) sowie die große d-Moll-Messe (1864) zur I. Symphonie in c-Moll (1865/66) gelangte. Und zieht man in Betracht, daß Bruckner den endgültig letzten Schritt zu seiner eigenen Symphonik womöglich erst in der III. Symphonie in d-Moll (1873; 1876/77) vollzogen hat[4], so klafft zwischen Schumanns Symphonien III und IV und den entscheidenden symphonischen „Durchbrüchen" Bruckners und Brahms' bald ein Zeitraum von einem Vierteljahrhundert, in dem sich auf dem Gebiet der Symphonie nur vergleichsweise wenig Bemerkenswertes ereignete, während sich demgegenüber die Symphonische Dichtung und die Programmsymphonie als selbständige Gattungen etablieren konnten. Mit Recht also bezeichnete Carl Dahlhaus den mit Bruckner und Brahms einsetzenden neuen Aufschwung der Symphonie als deren „zweites Zeitalter" im 19. Jahrhundert [Dahlhaus, S. 220ff.].

Unter den verschiedenen Gründen, die Brahms lange von der Vollendung der I. Symphonie abgehalten haben mögen, blieb die Scheu gegenüber dem Vorbild Beethovens einer der entscheidenden. Sie behinderte ihn insgesamt bei seiner Auseinandersetzung mit den großen „Hauptformen", so daß er nicht nur gravierende Hemmnisse hinsichtlich der Arbeit an der Symphonie zu überwinden hatte, sondern beispielsweise auch seine beiden Streichquartette op. 51 trotz jahrelanger Beschäftigung nicht vor 1873 beendete.

Vieles spricht dafür, daß Brahms das „Problem" der Symphonie erst über die Komposition des Finales der I. Symphonie zu lösen vermochte, das 1876 offenbar *vor* den Mittelsätzen vollendet wurde [vgl. Kalbeck III/1, S. 90f.; sowie Litzmann II, S. 339f.]. In ihm gelang es Brahms endlich, das Finale der IX. Symphonie Beethovens für sich zu „bewältigen", indem er eine gänzlich neuartige Form des Sonatenhauptsatzes realisierte, deren Vielschichtigkeit und zum Teil dramatische Gestaltung[5] klar auf die Auseinandersetzung mit dem Vorbild verweisen, ohne daß hier an dessen Erweiterung der klanglichen Mittel angeknüpft würde. Zu Recht wird in der Literatur betont, daß für die Form des Finales der I. Symphonie „innerhalb der sinfonischen Literatur kein Äquivalent zu finden ist und (sie) auch innerhalb des Brahmsschen Œuvres singulär geblieben ist"[6], was zweifellos als Indiz für die hierin mit besonderem Nachdruck angestrebte Lösung des „Finalproblems" gelten kann.

Daß Brahms mit der Ersten wirklich der Durchbruch zur Symphonie gelungen war, zeigte sich vor allem darin, daß bereits 1877 die II. Symphonie in D-Dur op. 73 vorlag, deren Gestaltung bereits keine Spuren vom Ringen mit der Gattung mehr aufwies. 1883-85 folgten die III. Symphonie in F-Dur op. 90 sowie die IV. Symphonie, so daß Brahms seine vier Symphonien nach mehr als zwanzig Jahren mühsamen Anlaufs schließlich innerhalb von nur mehr zehn Jahren komponiert hat.

Während Bruckners überaus eigenwillige symphonische Konzeption im Anschluß an Beethoven eine weitere Monumentalisierung der Form und der Mittel – freilich unter Ausschluß des Vokalen – bewirkt hat, wählte Brahms gewissermaßen den entgegengesetzten Weg, der über die strikte Konzentration der motivisch-thematischen Arbeit fast zwangsläufig zur äußeren wie inneren Verknappung führte. Hierdurch ist Brahms' Symphonik in mancher Hinsicht durchaus in die Nähe kammermusikalischer Differenziertheit gerückt, was Paul Bekker – in Anlehnung an Wagner – dazu veranlaßt hat, sie als „monumentalisierte Kammermusik" zu bezeichnen und im strikten Gegensatz zu den „einem Massenpublikum" zugedachten Symphonien Beethovens zu sehen [Bekker, S. 39ff. und passim]. Jene spezifischen Momente einer minuziösen Durchstrukturierung der musikalischen Form, die mit einer in bestimmter Weise zurückhaltenden, gerade auch im Vergleich mit Bruckner auf das Wesentlichste beschränkten Instrumentierung einhergeht, lassen die Symphonien ‚Brahms' tatsächlich als „Vorläufer" von Werken wie Schönbergs *Kammersymphonien* op. 9 und op. 38 (1905-06; 1906/39), seinen *Fünf Orchesterstücken* op. 16 (1909)[7] oder auch Anton von Weberns *Symphonie* op. 21 (1928) erscheinen. Sie verweisen in dieser Beziehung jedoch beispielsweise auch auf die reifen Symphonien des Finnen Jean Sibelius, die vor allem bei uns fälschlicherweise noch immer in dem Ruf dubioser Stimmungsmalerei stehen, obgleich sich in ihnen ebenfalls jene kompositorischen Verfahren nachweisen lassen, die Schönberg in bezug auf Brahms so entschieden hervorgehoben hat und die hier wie dort zu einer ganz eigenwilligen inneren Konzentration geführt haben.

„BRAHMS, DER FORTSCHRITTLICHE“

Daß Brahms zu seinen Lebzeiten als konservativer Gegenpol zur Neudeutschen Schule um Franz Liszt und Richard Wagner galt, ist eine Tatsache. Bestand das Ziel der musikalischen „Fortschrittspartei“ in der zweiten Hälfte des 19. Jahrhunderts darin, die neuen Entwicklungen der Programmsymphonie, der Symphonischen Dichtung und des Musikdramas zu fördern und deren Ideen zu verbreiten, so fühlte sich Brahms – im Anschluß an Mendelssohn und Schumann – den traditionellen, „alten“ Formen verpflichtet, wie sie in der Wiener Klassik und vor allem im Werk Beethovens in vollkommener Weise ausgebildet worden waren. Im Jahre 1860 beteiligte sich Brahms ausdrücklich an einem (aus verschiedenen Gründen mißlungenen) Protestschreiben gegen den zunehmend stärkeren Einfluß der Richtung der „Zukunftsmusik“, deren „Grundsätze“ hier „als dem innersten Wesen der Musik zuwider“ bezeichnet wurden [Kalbeck I/2, S. 403ff.]. Und obwohl sich Brahms nie wieder öffentlich zu derartigen Fragen äußerte, blieb er – nicht zuletzt untermauert durch den publizistischen Eifer seines Freundes Eduard Hanslick – der Inbegriff des Konservativen, der zu Wagner, Liszt und den von ihnen etablierten neuen musikalischen Gattungen ebenso im Gegensatz stand wie zu dem „modernen“ Symphoniker Anton Bruckner.

Das „Bild“ vom Klassizisten Brahms, vom Traditionalisten, den die einen als ewig Gestrigen ablehnten, die anderen als Bewahrer priesen, hat sich über den Tod des Komponisten hinaus in Abwandlungen zum Teil bis heute halten können. Er blieb der „getreue() Eckart, der von den verlockenden Irrwegen einer ihre höchsten Ziele aus dem Auge verlierenden Kunst den Weg zurückweist auf die zwar steilen und dornigen aber auf lichte Höhen führenden Pfade der unsterblichen Meister“ [Riemann II, S. 754], oder einfach „ ‚der letzte Klassiker‘ “, dem „noch keiner nachgekommen“ ist, wie es noch in einer jüngeren Brahms-Monographie[8] heißt.

Ob Anhänger oder Gegner, man betrachtete Brahms vor allem als den „Zurückschauenden“, „Abschließenden“, den „Vollender“, maß ihn – bei aller in manchem erkennbaren Differenzierung – zumeist an Beethoven und sah so (wie ja unter anderem die vorausgehenden Zitate belegen) nicht selten kaum über das Klischee hinaus, wodurch schließlich sogar der Blick für bestimmte Eigenheiten seines Komponierens getrübt werden mußte.

Am 7. Januar 1933 schrieb Arnold Schönberg an den Dirigenten Hans Rosbaud: „Würde Sie ein Vortrag über Brahms interessieren? Ich hätte hier wahrscheinlich etwas zu erzählen, was nur ich sagen kann. Denn meine Altersgenossen und die, die älter sind als ich, haben zwar auch noch die Brahmszeit erlebt, sind aber nicht ‚modern'. Die jüngeren Brahmsianer aber kennen die Brahmstradition nicht mehr aus eigenem Erleben und sind auch meistens eher ‚reaktionär'. Aber: ich denke an Kompositionstheoretisches, nicht an Anekdotisches!"[9]

Aus diesem Angebot ging ein großer Vortrag hervor, den Schönberg am 12. Februar 1933 – nur wenige Tage nach der Machtübernahme der Nationalsozialisten und wenige Monate vor seiner Emigration in die USA – aus Anlaß des bevorstehenden 100. Geburtstages von Brahms unter dem Titel *„Brahms, der Fortschrittliche"* im Frankfurter Rundfunk sprach [vgl. Schönberg GS, S. 484]. 1947 erarbeitete Schönberg eine Aufsatzfassung in englischer Sprache, die als *„Brahms the Progressive"* erstmals 1950 in der Schriftensammlung *Style and Idea* veröffentlicht wurde [Schönberg SI, S. 398ff.; deutsch in: Schönberg GS, S. 35ff.]. Hatte der Vortrag im nationalsozialistischen Deutschland begreiflicherweise keine größere Wirkung mehr erzielen können, so erlangte seine Neufassung bald eine gewisse Berühmtheit und vielfach auch größte Hochschätzung. Es mußte fast absurd anmuten, daß Brahms, der für viele der damals zeitgenössischen Komponisten nicht die geringste Rolle spielte, sondern eher als muffiger Akademiker galt, ausgerechnet von dem radikalen „Neutöner" Schönberg als Fortschrittlicher bezeichnet wurde. Und dennoch machte dieses Bekenntnis zu Brahms einen Sinn, hatte Schönberg ihn doch seit seiner Jugend als Vorbild betrachtet. In Brahms' Musik hatte er bestimmte Merkmale entdeckt, die eine zentrale Bedeutung für sein eigenes Komponieren besaßen. Hier legte er gleichsam die Wurzeln für einige seiner wichtigsten musikalischen Vorstellungen frei, die er als den traditionellen Grund seiner eigenen Entwicklung betrachtete. In seinem Kompositionsunterricht nahm die analytische Beschäftigung mit den Werken der Vergangenheit denn auch eine bedeutende, wenn nicht die entscheidende Stelle ein – und Brahms' Kompositionen wurden in diesem Zusammenhang in besonderem Maße gewürdigt. Es ist nicht uninteressant, daß auch Schönbergs Freund und Schüler Anton von Webern in seinen 1933 gehaltenen Vorträgen über den *Weg zur Komposition in zwölf Tönen* [Webern, S. 45ff.] Brahms als wichtiges Vorbild nennt und – ähnlich wie später Schönberg – die frappierende Feststellung trifft: „Es ist viel interessanter, Brahms als Beispiel heranzuziehen als z.B. Wagner" [ebda., S. 50]. Im Sinne ganz bestimmter Momente ihres musikalischen Denkens konnten Schönberg und Webern Brahms als geistesverwandt und im Hinblick auf die darauf gegründete Entwicklung eben auch als „Fortschrittlichen" begreifen. Indem sie die Innenseite seiner Musik im Detail erkundeten und für sich entdeckten, brauchten sie der Außenseite – und damit dem vermeintlich konservativen Element – keine Beachtung mehr zu schenken.

In seinem um 1931 entstandenen Aufsatz *Nationale Musik* nennt Schönberg Bach, Mozart, Beethoven, Wagner und Brahms als seine „Lehrmeister" [Schönberg GS, S. 253]. Während die Charakterisierung dessen, was er von Wagner gelernt habe, am wenigsten konkret anmutet und dieser gleichsam in eine „Nebenrolle" gedrängt wird, erscheint Brahms hier bereits ausdrücklich in Verbindung mit Mozart, den Schönberg zusammen mit Bach als sein wichtigstes Vorbild hervorhebt. In bezug auf das, was er von Brahms gelernt habe, heißt es in diesem Zusammenhang: „1. Vieles von dem, was mir durch Mozart unbewußt zugeflogen war, insbesondere Ungradtaktigkeit, Erweiterung und Verkürzung der Phrasen. 2. Plastik der Gestaltung: nicht sparen, nicht knausern, wenn die Deutlichkeit größeren Raum verlangt; jede Gestalt zu Ende ausführen. 3. Systematik des Satzbildes. 4. Ökonomie und dennoch: Reichtum" [ebda.].

In der großen Studie *Brahms, der Fortschrittliche* hat Schönberg diese und weitere Momente im Detail ausgeführt, wobei auch hier in den Analysen neben vielen Beispielen aus Werken Brahms' vor allem Mozart herangezogen wird und aus der Brahms-Studie zeitweilig eine Mozart-Studie zu werden scheint. Als Ausdruck des theoretischen, ästhetischen, aber auch ethischen Denkens Schönbergs ist der Brahms-Aufsatz als ein zentrales Dokument zu werten, das gerade wegen seiner so klaren und plastischen Sprache sowie der vielen originellen Gedanken und Anregungen eine faszinierende Lektüre verspricht.

Zu Anfang seiner Analysen widmet sich Schönberg der für sein musikalisches Denken grundlegenden Frage der „Faßlichkeit", d.h. dem Problem der Erfahrbarkeit musikalischer Zusammenhänge, und definiert dabei grundsätzlich die Aufgabe musikalischer Form: „Form in der Musik dient dazu, Faßlichkeit durch Erinnerbarkeit zu bewirken. Ausgewogenheit, Regelmäßigkeit, Symmetrie, Unterteilung, Wiederholung, Einheit, rythmische und harmonische Beziehungen und sogar Logik – keines dieser Elemente schafft Schönheit oder trägt auch nur zu ihr bei. Aber sie alle tragen bei zu einer Organisation, die die Darstellung des musikalischen Gedankens verständlich macht" [ebda., S. 36]. Faßlichkeit ist nach Schönbergs tiefster Überzeugung nur durch das Streben nach schlüssigen innermusikalischen Zusammenhängen und Beziehungen erreichbar. Die Voraussetzung hierfür bilde die Entwicklung geeigneter Mittel zur Darstellung der einem Werk zugrunde liegenden musikalischen Gedanken. Und in der Differenzierung von Verfahren, die Sinn und Zusammenhang auch bei großer Vielgestaltigkeit zu stiften vermögen, liege der eigentliche Fortschritt. In genau diesem Sinne aber verstand Schönberg Brahms als einen „Neuerer", der im Rahmen traditioneller Formen – unter anderem – die Differenzierung musikalischer Zusammenhänge in höchstem Maße vorangetrieben hat: „Fortschritt in der Musik besteht in der Entwicklung von Darstellungsmethoden, die den gerade beschriebenen Bedingungen entsprechen. Es ist der Zweck dieses Aufsatzes zu beweisen, daß Brahms, der Klassizist, der Akademische, ein großer Neuerer, ja, tatsächlich ein großer Fortschrittler im Bereich der musikalischen Sprache war" [ebda., S. 38]. Und um dieses ganz gegen das gängige Brahms-Klischee gerichtete Diktum zu unterstreichen, fügte Schönberg noch hinzu, „daß es bei Wagner ebensoviel Ordnung, wenn nicht Pedanterie in der Organisation gab, wie bei Brahms Wagemut, wenn nicht gar bizarre Phantasie" [ebda.]. Im folgenden beschäftigt sich Schönberg zunächst mit der Harmonik Brahms', wobei er diesen wiederum mit Wagner konfrontiert und zu beweisen sucht, daß Brahms' konsequenter kompositorischer Umgang mit der Mehrdeutigkeit tonaler Beziehungen, der hier vor allem an Hand zweier Ausschnitte aus dem ersten Satz des Streichquartetts op. 51, 1 exemplifiziert wird, in seiner Verfeinerung durchaus nicht hinter Wagners harmonischen Kühnheiten zurücksteht. Über einige allgemeine Betrachtungen zur musikalischen Form – innerhalb deren auch die satzübergreifende Bedeutung der dem 1. Thema des ersten Satzes aus Brahms' IV. Symphonie zugrunde liegenden Terzenreihe erörtert wird [ebda., S. 42; vgl. die Werkanalyse] – sowie zum Begriff des (musikalischen) „Gedankens" gelangt Schönberg zu dem großen Abschnitt, der sich mit der Ausbildung asymmetrischer Phrasen beschäftigt. Er verweist darauf, daß sich in den Themen Haydns und Mozarts starke Tendenzen zur „Konstruktion" von „Phrasen ungleicher Länge" [ebda., S. 45] nachweisen lassen, die er an Hand verschiedener Beispiele genau untersucht. Schönberg sieht hierin eine Vorstufe dessen, was er mit Bezug auf später entstandene Musik als „musikalische Prosa" bezeichnet hat, und erklärt: „Analytiker meiner Musik müssen sich darüber klar werden, wieviel ich persönlich Mozart verdanke. Die Leute, die mich ungläubig ansehen und gedacht haben, ich mache einen schlechten Witz, werden jetzt begreifen, warum ich mich selbst einen ‚Schüler Mozarts' genannt habe, und müssen jetzt meine Gründe verstehen. Das wird ihnen nicht dazu verhelfen, meine Musik zu schätzen, sondern Mozart zu verstehen. Und es wird junge Komponisten lehren, was das Wesentliche ist, das man von Meistern lernen muß, und auf welche Weise diese Lektionen ohne Verlust an Persönlichkeit anzuwenden sind" [ebda., S. 49].

Unter „musikalischer Prosa" verstand Schönberg „eine direkte und unumwundene Darstellung von Gedanken ohne jegliches Flickwerk, ohne bloßes Beiwerk und leere Wiederholungen" [ebda.]. Bezogen auf die Bildung von Phrasen und Themen bedeutet dies die Lösung von den starren Prinzipien regelmäßigen Periodenbaus, wodurch eine von „formalen Zwängen" unabhängige Entwicklung des motivisch-thematischen Materials möglich wird. An Hand zahlreicher Beispiele – bei denen zunächst Ausschnitte aus verschiedenen

Liedern Brahms' sowie aus seinen Streichsextetten op. 18 und op. 36 im Vordergrund stehen – erläutert Schönberg diesen Sachverhalt mit besonderer Eindringlichkeit. Denn die formalen Schemata weitgehend entbundene Entwicklung thematischer Gebilde stellt die Voraussetzung für jenes kompositorische Verfahren dar, das Schönberg in anderen seiner Schriften als „entwickelnde Variation" bezeichnet hat.

Beschäftigte sich Schönberg im vorausgehenden mit den „Darstellungsmethoden" musikalischer Gedanken, also mit den Voraussetzungen eines in seinen Augen sinnvollen Komponierens, so wendet er sich am Schluß seiner Studie dem übergreifenden Ideal motivisch-thematischer Integration, der Frage nach der Verwirklichung umfassenden innermusikalischen Zusammenhangs zu. Über die Untersuchung bestimmter Entwicklungsstufen des „Materials" also gelangt Schönberg zum „Prinzip" der entwickelnden Variation[10], das für sein kompositorisches Denken insgesamt von überragender Bedeutung war und im Hinblick auf das er Brahms vor allem als Vorbild, ja als seinen Vorgänger betrachtet hat.

Schönberg wollte unter entwickelnder Variation insbesondere das Auseinanderhervorgehen des motivisch-thematischen Materials, die (bei ständiger Weiterentwicklung) vollkommene Integration der Themen und Motive eines Stückes, verstanden wissen. Hierdurch sollte ein Höchstmaß an Zusammenhang – und damit nicht zuletzt an „Faßlichkeit" – erreicht werden. In seinem Aufsatz spürt Schönberg dieser Idee mit besonderer Sorgfalt nach, wobei er nochmals „zwei Beispiele() für Brahms' Beitrag zur Entwicklung der musikalischen Sprache" [ebda., S. 62] untersucht, das Andante moderato des Streichquartetts op. 51,2 und den dritten der *Vier ernsten Gesänge* op. 121 („O Tod, wie bitter bist du"). Schönberg legt hier ein ungemein dichtes Geflecht motivischer Beziehungen frei, das er jeweils auf nur eine Intervallzelle zurückführt. So abstrakt diese Analysen zunächst in manchem auch wirken mögen, sie zeigen letztlich doch aufs deutlichste, was Schönberg an Brahms bewunderte. In dessen Werk konnte er eine materiale Konzentration bei gleichzeitig größter Vielgestaltigkeit („Ökonomie" und „Reichtum") entdecken, die ihm sein ganzes Leben lang als musikschöpferisches Ideal vorschwebte. Und bedenkt man, daß Schönberg den „Fortschritt in der Musik" gerade in der Verfeinerung der Möglichkeiten zur Schaffung „logischer" musikalischer Zusammenhänge erblickte, versteht man spätestens am Schluß des Brahms-Aufsatzes, warum er den vermeintlichen Klassizisten und Akademiker so emphatisch als Fortschrittlichen bezeichnet hat.

Schönberg sah Brahms nicht als einen „Modernen", der einem bestimmten Zeitgeist verpflichtet war – in diesem Sinne betrachtete er ihn sogar ganz strikt als im Gegensatz zu Wagner, Liszt und zur neudeutschen Bewegung handelnd –, sondern als einen Künstler, der bestimmte innermusikalische Ideen auch bewußt gegen die Zeichen der Zeit fortgeführt und entwickelt hat. Entsprechende Erwähnung findet Brahms auch in einem zentralen Abschnitt des ursprünglich englischsprachigen Vortrags *„Kriterien für die Bewertung von Musik"* aus dem Jahre 1946 [Schönberg SI, S. 124ff.; deutsch in: Schönberg GS, S. 123ff.], in dem Schönberg schreibt: „Anpassungen an die volkstümlichen Forderungen wurden noch unumgänglicher, als Wagners Evolution der Harmonie sich zu einer Revolution der Form ausweitete. Während vorausgegangene Komponisten und selbst sein Zeitgenosse, Johannes Brahms, Phrasen, Motive und andere strukturelle Bestandteile von Themen nur in variierter Form wiederholten, wenn möglich in der Form dessen, was ich *entwickelnde Variation* nenne, mußte Wagner, damit seine Themen erinnerbar wurden, Sequenzen und Halbsequenzen verwenden, das heißt, unveränderte oder leicht variierte Wiederholungen, die sich in nichts Wesentlichem vom ersten Auftreten unterscheiden (...). Warum ein solches Verfahren weniger verdienstvoll ist als Variation, ist offensichtlich: weil Variation einer neuen und besonderen Anstrengung bedarf. Aber der Schaden, den diese minderwertige Konstruktionsmethode der Kompositionskunst zugefügt hat, war beträchtlich. Mit sehr wenigen Ausnahmen wurden alle Nachfolger und sogar Gegner Wagners zu Anhängern dieser primitiveren Methode (...). Und leider schaffen viele der heutigen Komponisten Werke, die nur durch zahlreiche unveränderte Wiederholungen weniger Phrasen länger und ausführlicher werden, anstatt Gedanken durch entwickelnde Variation zu verbinden und so aus den Grundgedanken abgeleitete Konsequenzen zu zeigen und innerhalb der Grenzen menschlichen Denkens und dessen logischer Forderungen zu bleiben" [Schönberg GS, S. 126f.].

So überpointiert Schönberg seinen Standpunkt auch dargelegt hat (hat er doch fraglos viel von Wagner gehalten – und gelernt), es wird dennoch deutlich, worin eines seiner zentralen Ideale kompositorischen Handelns bestand, nämlich in einer – sehr allgemein gesprochen– differenzierten thematischen Arbeit. Und es ist kein Zufall, daß Schönberg Brahms hier wiederum als Gegeninstanz zu Wagner nannte. Indem er die Polarisierung des Wagner-Brahms-Klischees aufgriff, verkehrte Schönberg es gewissermaßen ins Gegenteil. Fortschritt in der Musik bedeutete ihm nicht Anpassung an zeitbedingte Entwicklungen (die er zweifellos in Wagner verkörpert sah), sondern ein dem Moment der „Modernität" entkleidetes Streben „in Richtung auf eine uneingeschränkte musikalische Sprache". Dieser Fortschritt aber „wurde eingeleitet von Brahms, dem Fortschrittlichen" [ebda., S. 71].

* * *

Wenn sich auch vieles von dem, was Schönberg in seinen Brahms-Untersuchungen (die sich über sein ganzes musiktheoretisches und -ästhetisches Œuvre verstreut finden) darlegt; für eine auf ein Werkganzes zielende Analyse nicht unmittelbar nutzbar machen läßt, so gibt es doch gute Gründe dafür, daß diese faszinierende Auseinandersetzung hier nicht nur nicht unerwähnt bleiben durfte, sondern sogar als eine Art Ausgangspunkt betrachtet werden sollte. Zum einen hat Schönberg – trotz mancher vor ihm unternommener Versuche, das „Akademiker"-Klischee zu entlarven[11] – mit seinem Eintreten für eine auf „Kompositionstheoretisches", auf kompositionstechnische Details bezogene Neubewertung des Brahmsschen Werkes der Brahms-Rezeption eine entschiedene Wendung und eine wirkliche neue Perspektive verliehen, was sich gerade darin zeigt, daß die im oben angeführten Sinne zu verstehende Bewertung des „Fortschrittlichen" im Schaffen Brahms' längst weit über die Kreise der Schönberg-Kenner hinausgegriffen hat. Zum anderen verweisen Schönbergs Ausführungen im Hinblick auf ihre konkreten analytischen Ansätze in eine Richtung, der nachzugehen sich in vielem lohnt. Man wird etliches von dem wiedererkennen, was er als fortschrittlich hervorgehoben hat, wenngleich immer auch Vorsicht im Hinblick auf eine Überbewertung seiner Betrachtungen geboten ist. In bezug auf das Moment der motivisch-thematischen Integration läßt sich in vielen Werken Brahms' tatsächlich ein hohes Maß an Konzentration aufzeigen – doch das „Prinzip" der entwickelnden Variation zeigt sich hier (insbesondere gemessen an den in Schönbergs eigenen Kompositionen ausgebildeten „Verfahren") bestenfalls angedeutet. Bei unserer Analyse werden wir gleichwohl immer wieder auf die Ausprägung einer gleichsam von musikalischer Logik diktierten inneren Folgerichtigkeit im kompositorischen Gesamtzusammenhang treffen, die erklärt, worin Schönbergs ungewöhnliche Brahms-Faszination zu suchen ist.

WERKANALYSE

1. SATZ*

Die formale Anlage des ersten Satzes der IV. Symphonie (Allegro non troppo, C, e-Moll) läßt sich klar als Sonatenhauptsatz bezeichnen und folgendermaßen gliedern:**

Exposition, Takt 1-144

Hauptsatz	*T. 1-53*
1. Thema (I)	T. 1-19
Variierte Wiederholung und Fortspinnung von I	T. 19-53
Seitensatz	*T. 53-107*
Seitensatzmotiv (II)	T. 53-57
2. Thema (III)	T. 57-73
Variierte Wiederholung von II und Fortspinnung mit Bezug auf I (T. 79-87)	T. 73-87
Seitensatzepisode (Ab T. 95: IV)	T. 87-107
Schlußgruppe	*T. 107-144*
Überleitungsgedanke (V)	T. 107-110
Seitensatzmotiv (II-Variante)	T. 110-113
Überleitungsgedanke (V)	T. 114-119
Fortspinnung von II	T. 119-136
1. Thema (I-Fragment)	T. 136-144

Durchführung, Takt 145-246

1. Thema (I-Scheinreprise, T. 144-152 = T. 1-8)	T. 144-156

---

* Orchesterbesetzung des Werkes: 2 Flöten (1 Piccolo), 2 Oboen, 2 Klarinetten, 2 Fagotte, 1 Kontrafagott, 4 Hörner, 2 Trompeten, 3 Posaunen, Pauken, Triangel, Streicher

** Die römischen Ziffern beziehen sich auf die Tafelbeispiele des Anhangs.

1. Thema (1. Variante von I)	T. 156-168
1. Thema (2. Variante von I)	T. 168-184
Seitensatzmotiv (1. Fortspinnungsabschnitt von II)	T. 184-192
Überleitungsgedanke (V) und 1. Thema (I-Fragment), dazu T. 202-206: Seitensatzmotiv (2. Fortspinnungsabschnitt von II)	T. 192-206
Seitensatzmotiv (3. Fortspinnungsabschnitt von II)	T. 206-219
1. Thema (3. Variante von I)	T. 219-246

Reprise, T. 246-440

Hauptsatz	*T. 246-297*
1. Thema (I), Verschleierung des Reprisenanfangs, dazu T. 249-252 und T. 255-258: V	T. 246-273
Variierte Wiederholung und Fortspinnung von I	T. 273-297
Seitensatz	*T. 297-351*
Seitensatzmotiv (II)	T. 297-301
2. Thema (III)	T. 301-317
Variierte Wiederholung von II und Fortspinnung mit Bezug auf I	T. 317-331
Seitensatzepisode (ab T. 339: IV)	T. 331-351
Schlußgruppe	*T. 351-393*
Überleitungsgedanke (V)	T. 351-354
Seitensatzmotiv (II)	T. 354-357
Überleitungsgedanke (V)	T. 358-363
Fortspinnung von II	T. 363-391
Überleitungsgedanke (V)	T. 392-393
Coda	*T. 393-440*
1. Thema (variierte Fortspinnung von I), dazu T. 422-430: V	

In großen Zügen betrachtet, zeigt die Disposition der Haupttonarten des Satzes ebenfalls die Nähe zum traditionellen Formmodell. So folgt in der Exposition auf das 1. Thema (I) in e-Moll das 2. Thema (III) in h-Moll, dem ein selbständiges, den Seitensatz markierendes Motiv (II) in Fis-Dur vorausgeht. Die Seitensatzepisode sowie Teile der Schlußgruppe stehen in H-Dur, der Tonart der Durdominante. In der Reprise erscheint das 2. Thema in e-Moll, das Seitensatzmotiv entsprechend in H-Dur sowie Seitensatzepisode und Schlußgruppenteile in E-Dur.

Gleichwohl charakterisieren diese formtypischen Merkmale im Grunde eher die Oberfläche des Satzes. Die spezifischen Eigenarten der reifen Kompositionstechnik Brahms', der sich mit der IV. Symphonie bereits auf der Schwelle zum Spätwerk befand, treten erst wirklich zutage, spürt man den übergreifenden Momenten der musikalischen Konstruktion nach, auf die unter anderem ja auch Schönberg im Zuge seiner Auseinandersetzung mit seiner eigenen Herkunft immer wieder verwiesen hat.

Als ein zentrales (auch über den ersten Satz hinausreichendes) Element der thematisch-motivischen Integration erweist sich eine Eigenschaft des 1. Themas (I), auf die wohl als erster und besonders ausführlich Walther Vetter in seinem schon 1914 veröffentlichten, noch heute lesenswerten Aufsatz über den ersten Satz der IV. Symphonie aufmerksam gemacht hat, nämlich die dem Vordersatz des 1. Themas (T. 1-8) zugrunde liegende Terzenreihe:[12]

Beispiel 2

Mit einigem Recht nennt Vetter die Takte 1-8 des Themas – bezogen auf den ersten Satz – „den Keim der hauptsächlichen späteren Ereignisse" [Vetter, S. 5], bezeichnet er das Terzenmotiv des Anfangs in vielem durchaus zutreffend als „Urmotiv", auf das sich alles „Hauptthematische, was nunmehr folgt, (...) als organische Weiterentwicklung und Ausgestaltung" bezieht [ebda.]. Und Schönberg verweist in seiner großen Brahms-Würdigung ausdrücklich darauf, daß die Terzenreihe über die Sätze hinweg thematische Zusammenhänge prägt, wobei er insbesondere die Beziehung zwischen dem ersten und dem letzten Satz als Beispiel nennt und hervorhebt [Schönberg GS, S. 42]. Im folgenden wird sich zeigen, daß in der Behandlung der Terzenreihe tatsächlich ein kompositorisches Verfahren *angedeutet* (!) ist, dessen zentrale Idee in der Schaffung schlüssiger innermusikalischer Bezüge durch eine konsequente Integration der motivisch-thematischen Entwicklung besteht, eine Idee, die im Kern das zeigt, was Schönberg – auch mit Bezug auf Brahms – später als „entwickelnde Variation" bezeichnet hat. Wenngleich sich die kompositorische Vielfalt des Werkes in diesem Sachverhalt selbstverständlich keineswegs erschöpft und Vetter in der Bewertung der Terzenreihe und des „Urmotivs" nicht selten über das Ziel des analytisch Sinnvollen hinausgerät, muß die Tendenz zur motivisch-thematischen Integration, wie sie sich in der IV. Symphonie insgesamt zeigt, als ungewöhnlich ausgeprägtes, zentrales Merkmal bezeichnet werden.

Als Ganzes reicht das 1. Thema bei seinem ersten Auftreten in der Exposition über rund 18 Takte (1. und 2. Violine). Es läßt sich sinnvoll in einen Vorder- und einen Nachsatz teilen, die in sich wiederum untergliedert sind (vgl. im folgenden Tafelbeispiel I). Der Vordersatz (T. 1-8) zeigt zwei viertaktige Abschnitte, gebildet aus den zwei gegensätzlich verlaufenden Teilen der Terzenreihe (vgl. Beispiel 2). Der Nachsatz gliedert sich in drei Abschnitte zu vier (2+2), zwei und vier (2+2) Takten. Der Vordersatz, der in seiner fast monotonen auftaktigen Sequenzbewegung die Keimzelle des thematischen Materials großer Teile des Werkes birgt, ist demnach vergleichsweise übersichtlich gestaltet. Während sein erster Abschnitt eine reine Terzen- und Sextenbewegung darstellt, wird der zweite durch zwei Oktavsprünge (T. 4/5 und T. 6/7) markiert, die sich sogleich als entwickelndes Element erweisen. Im ersten Abschnitt des Nachsatzes (T. 9-12) rücken sie kurz in den Mittelpunkt, wobei hier bereits weitgehend eine Lösung von dem einfachen melodischen Gestus des Vordersatzes vollzogen ist. Der mittlere Abschnitt des Nachsatzes (T. 13-14) verweist lediglich noch durch seinen auftaktigen Rhythmus auf den Vordersatz zurück[13], und der kadenzierende letzte Abschnitte (T. 15-19) verläßt ihn mit seinen Tonleiterausschnitten ganz. Letztere bilden allerdings, noch während sie als Abschluß des Themas fungieren, bereits das Bindeglied zur variierten Wiederholung und Fortspinnung des 1. Themas (T. 19-53), wo Tonleiterbewegungen anfänglich im Vordergrund der Begleitung stehen (T. 19-22: Viola, Holzbläser). Im Verborgenen erscheint das „Modell" der Tonleiterbewegung, das in manchem als Gegenstück zur Terzenreihe verstanden werden kann, übrigens schon in den Takten 13-14, im mittleren Abschnitt des Nachsatzes des 1. Themas:[14]

Beispiel 3

Die Begleitung des 1. Themas in den Takten 1-19 zeigt neben den Akkordbrechungen in Viola und Violoncello (T. 1ff.) und den synkopischen Bläserakkorden (T. 9ff.) als Besonderheit die Themenimitation in den nachschlagenden Terzen der Holzbläser (T. 1-5, T. 6-8 abgewandelt), die einmal mehr das Gerüst der Terzenreihe hervorhebt. Zu Beginn der variierten Wiederholung des 1. Themas erscheint eine solche (diesmal unterquinttransponierte) Themenimitation im Violoncello und Kontrabaß (T. 19-22).

Hauptmerkmal der variierten Wiederholung des 1. Themas ab Takt 19 ist die pendelnde Oktavbrechung der Melodietöne (abwechselnd 1. und 2. Violine). Die Begleitung ist hier vorerst dichter gestaltet, greift ab Takt 27 jedoch auf das Vorbild des Anfangs zurück (vgl. T. 9ff.). Der zweite Abschnitt des Nachsatzes (T. 31-32) mündet nun in einen Fortspinnungsteil (T. 33-53), der zum Seitensatz überleitet. Im Gegensatz zum dritten Nachsatzabschnitt des Anfangs (T. 15-19) bezieht sich der Anfang der Fortspinnung (T. 33-36) wieder auf die Terzenreihe (s. Beispiel 4).

Beispiel 4

Im folgenden sind sowohl Gestalten aus dem zweiten (T. 37ff.) wie aus dem dritten (T. 45ff.) Nachsatzabschnitt zu erkennen, wobei dieser Teil kurzzeitig einen durchführungsartigen Charakter erhält. Der eigentliche Übergang zum Seitensatz vollzieht sich in den Takten 45-53. Das Fis-Dur des Seitensatzmotivs (II) wird schließlich über den übermäßigen Quintsextakkord auf G (lies in T. 52 der Partitur: *Eis*-G-H-D) erreicht, nachdem dieser Schritt durch die Betonung der Region der Tonikaparallele (G-Dur) insbesondere in den Takten 45-52 vorbereitet worden ist. Die Überleitung zum Seitensatz mit ihrer eigenartig verschlungenen Modulation (vgl. die Antizipationsketten T. 45ff.) ist ein anschauliches Beispiel für Brahms' hochdifferenzierten Umgang mit den harmonischen Mitteln, der alles andere als konventionell erscheint und ja bezeichnenderweise auch von Schönberg – gegen die landläufige Meinung seiner Zeit – als Beleg für das fortschrittliche Denken des Komponisten hervorgehoben worden ist. Es sei gestattet, in diesem Zusammenhang nochmals kurz an den Anfang des Satzes zurückzukehren.

Betrachtet man den harmonischen Verlauf des 1. Themas in den Takten 1-19, so fällt hier vor allem ein Stufenreichtum auf, der die Grundtonart innerhalb dieses knappen Abschnitts gleichsam nur als „Rahmen" erscheinen läßt. Klar fixiert ist sie zwar in der Kadenz über dem Orgelpunkt auf E (Hörner, Kontrabaß) in den ersten vier Takten (I-IV-V^7-$I^{7\#}$/I) und in der das Thema abschließenden Kadenz (I-V^7-I) in den Takten 17-19; die dazwischen auftretenden, größtenteils alterierten Akkorde jedoch heben die *Subdominantregion* hervor. Besonders deutlich zu erkennen ist dieser Sachverhalt in den Takten 10-15, deren Stufenfolge auf a-Moll bezogen lautet: I-VI^7-$IV^{9\flat/7}$-III/$V^{9/7}$-I/V^7-I. Die Betonung der Subdominante spielt für die harmonische Disposition des Werkes überhaupt eine wichtige Rolle, so daß wir ihr häufig wiederbegegnen werden. Wie schon oben angedeutet wurde, hatte Brahms sogar erwogen, sie in der zeitweilig geplanten Einleitung zum ersten Satz in den Mittelpunkt zu stellen (vgl. Entstehungsgeschichte). Im letzten Satz zeigt sich die besondere Stellung der Subdominante darin, daß die ersten vier Takte des achttaktigen (e-Moll-) Variationsthemas als a-Moll-Kadenz erscheinen (s.u.). In bezug auf das 1. Thema des ersten Satzes sei noch erwähnt, daß in der Tiefalteration des Grundtons der II. Stufe (zu F) in Takt 7, 11 und 13 jenes phrygische Element angedeutet ist, das im Verlauf des Werkes noch häufig auftreten und gelegentlich sogar eine wichtige Position innerhalb der harmonischen Gestaltung (2. Satz) erlangen wird.

Der Beginn des Seitensatzes wird in den Takten 53-57 durch das bereits erwähnte Seitensatzmotiv (II; Holzbläser und Hörner, dann Tutti) akzentuiert, das sich dem 2. Thema (III) gegenüber als selbständiges Themenelement behauptet und dem für die Gesamtentwicklung des Satzes sogar ein weitaus größeres Gewicht als diesem zukommt. Vom vorausgehenden hebt sich das Seitensatzmotiv durch sein fanfarenartiges Gepräge und die Schlichtheit des musikalischen Satzes ab (in Oktaven geführte Melodie in Dreiklangsbrechung, einfache Kadenz als Abschluß und Übergang). Nach den harmonisch intrikaten Überleitungstakten 45-53 und überhaupt im Vergleich mit der in jeder Hinsicht differenzierten Entwicklung des Hauptsatzes wirkt dieser Einstieg in den Seitensatz fast etwas schroff (vgl. hierzu die kritischen Bemerkungen Clara Schumanns unter Dokumente III). Er stellt das eigentliche Kontrastmoment zum 1. Thema dar, während das 2. Thema episodisch bleibt. Das Fis-Dur des Seitensatzmotivs bereitet den Übergang zum 2. Thema (III, h-Moll) aufs einfachste vor. Dessen ausgeschwungene Melodie (T. 57-73: Violoncello, Hörner/1. und 2. Violine), die insbesondere als Gegensatz zum beinahe skizzenhaften Anfang des 1. Themas erscheint, ist wiederum klar in einen Vorder- und Nachsatz (8+9 Takte) gegliedert, die sich – abgesehen davon, daß der Nachsatz zwei Oktaven höher erklingt – bis auf vergleichsweise geringe Abweichungen (vgl. T. 59f. und T. 67f. sowie die Übergänge T. 64 und T. 72f.) entsprechen. Der Bezug des 2. Themas zur Keimzelle der Terzenreihe, die in der Dreiklangsbrechung des

Seitensatzmotivs vorerst kaum charakteristisch hervortritt, zeigt sich nicht in der Hauptstimme, sondern in der Begleitung, die das Terzengerüst dadurch gleich zweifach betont, daß die Terzenreihe hier auch noch „ausgeterzt" ist:

Beispiel 5

Da das 2. Thema nicht in die weitere Entwicklung des Satzes einbezogen wird und erst in der Reprise wiederkehrt, erscheint es fast zwingend, daß eine unmittelbare Verbindung zur Terzenreihe fehlt. Hierdurch wird der episodische Charakter des 2. Themas unterstrichen, während die Begleitung den inneren Zusammenhang im verborgenen dennoch durchsetzt. Gleichzeitig läßt sich bei genauerer Betrachtung erkennen, daß letztere eine Ableitung vom Seitensatzmotiv darstellt, wodurch dieses nachträglich ebenfalls noch auf die Terzenreihe bezogen wird):[15]

Beispiel 6

So liegt in der Begleitung des 2. Themas bereits die Vorbereitung zum Folgenden, das zunächst eine variierte Wiederholung des Seitensatzmotivs bringt (T. 73-76, G-Dur und T. 77-79, C-Dur: Holzbläser, Hörner, Tutti), dessen Fortspinnung (T. 79-87: Holzbläser, Streicher [pizzicato]) jedoch auf das 1. Thema zurückverweist und schließlich als Variante seines Vordersatzes erscheint (vgl. I sowie Beispiel 2):[16]

Beispiel 7

Diese als Fortspinnung des Seitensatzmotivs fungierende I-Variante bildet zugleich die Überleitung zur Seitensatzepisode, die Modulation nach H-Dur ist bereits ab Takt 81 zu erkennen.

Die Seitensatzepisode selbst (T. 87-107, H-Dur) zeigt drei Abschnitte. Der erste mit seinen synkopierten Holzbläserfiguren (T. 87-90) bereitet den kurzen Aufschwung des Mittelabschnitts (T. 90-94) vor, dessen Melodie (1. und 2. Violine) kurz darauf als Nachsatzanfang (T. 98ff.) des thematischen Hauptelements (IV) der Seitensatzepisode wieder aufgegriffen wird. Nicht unähnlich dem Charakter des 2. Themas, ist letzteres als großbogige Melodie (T. 95-107: Holzbläser, 1. Horn) mit Vorder- und Nachsatz gestaltet. Der Vordersatz umfaßt lediglich vier Takte gegenüber achteinhalb Nachsatztakten (vgl. Tafelbeispiel IV), die das Themenelement der Takte 90-94 ab Takt 101 variieren und fortspinnen und in die Schlußgruppe überleiten. Auffälliges Merkmal dieser Fortspinnung ist, daß die zusammenhängende Linie der Oboe ab Takt 102 gleichzeitig halbtaktig abwechselnd als „Zwiegespräch" im 1. Horn und in der 1. Flöte erklingt, wodurch sie gewissermaßen „zerbrochen" und „aufgelöst" wird und sich der Übergang zum Schluß der Exposition sinnfällig andeutet.[17]

Es sei bemerkt, daß Vetter die ganze Seitensatzepisode als den „dritten Gedanken" des Satzes auffaßt, d.h. als dritten Themenkomplex [Vetter, S. 87ff.]. Anders als das 2. Thema, das für sich zwar episodisch bleibt, durch seine Begleitung jedoch mit der Terzenreihe und dem Seitensatzmotiv verbunden und somit mittelbar doch an die weitere Entwicklung des Satzes angebunden ist, zeigen die drei Teile der Seitensatzepisode diese Eigenschaft nicht, weshalb sie konsequenterweise auch nicht als ein selbständiger Themenkomplex bezeichnet werden sollten.

Am Beginn der mehrteiligen Schlußgruppe (T. 107-144), die auf Grund des hier bereits differenziert verarbeiteten Motivs II eine dem

Seitensatz angeschlossene kleine Durchführung darstellt, erklingt ein charakteristisches Gebilde (T. 107-110), das im Verlauf des Satzes in besonderer Weise die Übergänge der Satzabschnitte markiert und deshalb Überleitungsgedanke (V) genannt sei. Es handelt sich bei ihm insgesamt nicht um ein abgegrenztes Motiv (am ehesten könnte man ein solches in der in Oktaven geführten Streicherfigur erblicken), sondern um eine Art „motivisch durchsetzter" Klangfläche. Die Musik scheint für einen Moment innezuhalten, zu stocken, bevor eine neue, weiterführende Entwicklung einsetzt: Innerhalb eines im Pianissimo gehaltenen, zunächst verminderten Dreiklangs auf Gis (Kontrabaß, Pauke [Wirbel auf H], Bläser), dessen Eintritt die Wirkung eines Trugschlusses zeigt, entfaltet sich flüchtig die schon genannte Streicherfigur, die den liegenden Klang (T. 109: Erniedringung des Gis zum abwärts gerichteten Strebeton G) zu einem G-Dur-Akkord mit Sexte und kleiner Septime erweitert.

Als motivisches Element ist im Überleitungsgedanken noch das Seitensatzmotiv zu erkennen, das hier freilich ganz auf seinen auftaktigen Kopfrhythmus reduziert ist (Trompeten, Repetition auf H). Es bildet den Übergang und die Verbindung zur folgenden viertaktigen Variante von II (T. 110-113, H-Dur), die nun den ganzen Motivkopf umfaßt (vgl. dazu Tafelbeispiel II). Das in den Takten 112-113 aus dem Motivkopf von II ansatzweise entwickelte Fortspinnungsmodell entfaltet sich vollends ab Takt 119. Zuvor ist nochmals der nun auf gut fünf Takte erweiterte, eine kleine Terz tiefer transponierte Überleitungsgedanke eingeschaltet (T. 114-119; in T. 117-119 wird H-Dur über dessen Doppeldominante Cis-Dur erreicht).

Wie gesagt, rückt die anschließende Fortspinnung des Seitensatzmotivs (T. 119-136) die auftaktige Sechzehntelfigur und die Vierteltriole des Motivkopfs in den Vordergrund. Zum einen greifen Hörner und Trompeten die auf den Kopfrhythmus reduzierte, hier gleichsam als „Echo" fungierende II-Variante des Überleitungsgedankens auf (T. 119ff., ab T. 127 auch Flöten und Oboen), zum anderen entwickelt sich aus dem vollständigen Motivkopf (T. 119ff.: Streicher; T. 123-125: Holzbläser-Einschub) ab Takt 125 ein sich rasch steigernder Sequenzabschnitt (Streicher; T. 133ff.: Tutti). Die auffällige rhythmische Komplexität der Stelle wird nicht zuletzt durch die (im „Konflikt" mit den

Vierteltriolen der II-Fortspinnung stehende) Viertelbewegung der Begleitung mit ihrer strikten Betonung der leichten Taktteile (T. 127ff.: Violoncello, Kontrabaß, Klarinetten, Fagotte; T. 129ff. auch Pauken) hervorgerufen. Ihren Abschluß findet diese kurze Entwicklung in der einfachen H-Dur-Kadenz der Takte 135-137 (vgl. auch die vorausgehenden Takte), die in ein achttaktiges Fragment des 1. Themas mündet (T. 136-144).

Während das 1. Thema am Ende der Exposition nur mehr bruchstückhaft, gleichsam als Reminiszenz erscheint (Holzbläser; vgl. die Imitation in der 1. und 2. Violine), bringt der Anfang der Durchführung in Takt 144[18] eine in diesem Zusammenhang doch überraschende Wendung. Indem die Takte 144-152 den Takten 1-8 entsprechen, d.h. dem Vordersatz des 1. Themas zu Beginn der Exposition, wirkt der Durchführungseintritt zunächst wie ein Reprisenanfang. Erst der Nachsatz des 1. Themas, der hier auf vier Takte verkürzt ist und nur auf den ersten Nachsatzabschnitt zurückgreift (T. 153-156), nimmt diesen Eindruck zurück und führt in die eigentliche Durchführung (Modulation nach g-Moll).

Der Scheinreprise folgen gleich zwei weitere Abschnitte, die das 1. Thema verarbeiten. Der erste (T. 156-168, g-Moll) zeigt im Grunde eine Doppelvariante des 1. Themas. Während in den Holzbläsern die Terzenreihe des Vordersatzes mit Durchgangstönen durchsetzt ist, wird diese Variante zugleich ausfiguriert (T. 156-160: 1. und 2. Violine; T. 161-164: Klarinetten):

Beispiel 8

Dem achttaktigen Vordersatz sind wiederum nur vier Takte Nachsatz angeschlossen (T. 165-168), die sich auch hier ausschließlich auf den ersten Nachsatzabschnitt des 1. Themas beziehen, wie überhaupt die Nachsatzabschnitte 2 und 3 in der Durchführung nicht in Erscheinung treten. Allerdings bleibt auch der erste Abschnitt im wesentlichen ein Übergangselement, während der Vordersatz (und damit die „Hauptform" der Terzenreihe) das Zentrum der Durchführung bildet.

Die anschließende Variante des 1. Themas (T. 168-184, b-Moll) greift das Figurationsmodell des vorigen Durchführungsteils auf (Terzenreihe mit Durchgangstönen), integriert es nun jedoch in eine kontrapunktisch überaus dicht gearbeiteten Tonsatz, der praktisch ohne Nebenstimmen auskommt. In den Takten 168-172 wird die Themenvariante in der 1. Violine sowie in der 1. Viola und dem 1. Fagott streng imitatorisch durchgeführt, wobei die Ausgangstöne der jeweiligen Dreitongruppen in den Hörnern, Flöten und Oboen (ebenfalls imitatorisch) durch abwechselnd gegenläufige Sekundwechselmotive betont werden. Als Kontrapunkt zur Themenvariante erscheint die in durch Pausen unterbrochene Dreitongruppen gegliederte b-Moll-Skala im Violoncello und Kontrabaß, die über vier Takte (T. 169-172) zur Duodezime (F) aufsteigt. Die folgenden vier Takte 173-176 wirken zunächst wie der Beginn einer Fortspinnung (1. und 2. Violine). Gleichwohl zeigt sich bei genauerer Betrachtung, daß dieser Teil nichts anderes als eine Wiederholung der vorigen vier Takte darstellt, in der die Stimmen – im Sinne eines doppelten Kontrapunkts – vertauscht sind. Die Variante des 1. Themas beginnt mit dem in Takt 172 erreichten F der b-Moll-Skala im Violoncello und Kontrabaß (vgl. T. 168: 1. Violine), die Themenimitation findet sich nun in der Viola und den Hörnern; die Sekundwechselmotive sind über die gesamte Holzbläsergruppe verteilt. Der Kontrapunkt ist (gemäß der Idee des Stimmentausches) in die 1. und 2. Violine gerückt, die b-Moll-Skala steigt dieses Mal durch den abwärts gerichteten Septimensprung in Takt 174/175 jeweils zur Sexte und Quinte auf:

Beispiel 9

Die Fortspinnung der Takte 177-184, bei der die strikte kontrapunktische Faktur beibehalten bleibt, leitet zum zweiten Hauptteil der Durchführung über (T. 183/184: Trugschluß Fis^{7}-G). Anders als die verhältnismäßig geradlinige Entwicklung der Varianten des 1. Themas, die die Durchführung klar umreißt, zeigen die Takte 184-219 mehrere miteinander verschränkte Themen- bzw. Motivebenen, wobei hier die Fortspinnungsabschnitte des Seitensatzmotivs die Hauptentwicklung ausprägen.

In den Takten 184-192 zeigt sich, anknüpfend an das entsprechende Fortspinnungsmodell der Schlußgruppe (s.o.), der erste Fortspinnungsabschnitt des Seitensatzmotivs über der gehaltenen Terz G-H (Kontrabaß, Pauke/Hörner, Trompeten) zuerst gleichsam schattenhaft in den Streichern (T. 184-188, G-Dur). Die Fortsetzung in den Holzbläsern (T. 188-192, Vorbereitung: c-Moll) ist durch die in Oktaven geführte Terzenreihe der Takte 190-192 bereits mit dem Folgenden (T. 192-206, c-Moll/A-Dur/H-Dur) verknüpft. Denn hier entfaltet sich, zweimal ansetzend, zunächst eine entwickelte Sequenz des Terzenmotivs des 1. Themas mit Bezug auf seine vorausgehenden Varianten (T. 192-196 und T. 196-202: Holzbläser), zusätzlich vorbereitet durch die Vorwegnahme des Kleinterzmotivs Es-C in den Holzbläsern (T. 191/192; vgl. T. 192/193: Oboe, auch 2. Violine). Gleichzeitig ist die Streicherfigur aus dem Überleitungsgedanken zu erkennen, die jeweils mit den Ansätzen des Fragments des 1. Themas verschränkt ist (T. 192ff.). Und so wie das Seitensatzmotiv in den Takten 190-192 mit der Terzenreihe des 1. Themas verbunden war, ist die Streicherfigur des Überleitungsgedankens nun auf das Seitensatzmotiv bezogen (Dreiklang mit Sexte). Während sich der zweite Fortspinnungsabschnitt des Seitensatzmotivs anschließt (T. 202-206: Holzbläser), sind in der Oboe und dem 1. Horn sowie in der 1. Violine und der Viola Fragmente des 1. Themas und der Streicherfigur des Überleitungsgedankens zu erkennen. Der dritte Fortspinnungsabschnitt des Seitensatzmotivs (T. 206-219) greift nun auf die Takte 188-192 zurück und führt diese gewissermaßen verspätet aus.

Blickt man auf den gesamten Teil der Takte 184-219 zurück, so läßt die beschriebene Entwicklung zwei Ebenen erkennen, die durch eine erstaunlich weitreichende Verflechtung des motivisch-thematischen Materials gekennzeichnet sind. Zum einen prägt sich in den Takten 184-188 der Charakter einer an den Überleitungsgedanken erinnernden Klangfläche aus, die in den Takten 192-206 fortgesetzt wird, indem Überleitungsgedanke und Seitensatzmotiv miteinander verschmelzen und mit einem Fragment des 1. Themas verbunden sind; zum anderen wird der in Takt 188 neu ansetzende erste Fortspinnungsabschnitt des Seitensatzmotivs in den Takten 206ff. fortgesetzt, wobei die Terzenreihe des 1. Themas hier wie dort in das Seitensatzmotiv eindringt (vgl. neben T. 190-192 auch T. 208ff.).

Im dritten Fortspinnungsabschnitt des Seitensatzmotivs bildet sich im zweiten Teil (T. 209/210: Trugschluß [H]-C) ab Takt 212 ein melodisches Element aus, das, vorerst noch den Steigerungscharakter des unmittelbar Vorausgehenden fortsetzend (f molto marc.), ab Takt 219 zum lyrischen Kontrapunkt (p dolce) der dritten Variante des 1. Themas wird.

In diesem letzten Teil der Durchführung erscheint zuerst der achttaktige Vordersatz des 1. Themas (T. 219-226: Flöten, 1. und 2. Violine, Viola; gis-Moll), wobei die Terzenreihe auch in der selbständigen Triolenmelodie des Kontrapunkts (Klarinetten, Fagotte) zu erkennen ist:

Beispiel 10

Dem Vordersatz des 1. Themas schließt sich wieder der erste Nachsatzabschnitt an, der hier allerdings zu einer zwanzig Takte umfassenden, dynamisch vollkommen zurückgenommenen *Klangfläche* ausgedehnt ist (T. 227-246).[19] In ihr vollzieht sich der Übergang zur Reprise gleichsam unmerklich. Während das Motivelement des Nachsatzabschnitts durch verschiedene Oktavlagen geführt wird (T. 227: 1. Flöte, T. 228: Viola, T. 229: Violoncello, T. 230: 1. Violine usf.), entsteht durch die Modulation der Eindruck einer schwebenden Tonalität. Ohne daß eine einzige Zwischentonika erreicht würde, durchstreifen die Septakkordfolgen der Modulation die Regionen von b-Moll (T. 230ff., T. 227/229: Umdeutung der Dominante von gis-Moll zur dorischen Subdominante mit Septime von b-Moll), C-Dur (T. 234f.) und D-Dur (T. 236f.). Über den Septakkord ihrer Doppeldominante in Takt 238 wird wieder die Region der Haupttonart e-Moll erreicht, die durch die Wiederholung der Subdominant-Dominant-Folge (T. 240f. und T. 242-246) einerseits gefestigt erscheint, deren Tonika jedoch erst in den Takten 246-248 erklingt. Letztere stellen bereits den Eintritt der Reprise dar, der, vorbereitet durch das auskomponierte ppp-Ritardando der Takte 242-245, als solcher zunächst allerdings gar nicht zu erkennen ist.

Ebenfalls zu einer (nun zwölf Takte umfassenden) Klangfläche zerdehnt (T. 246-258), wirken die ersten Vordersatztakte des 1. Themas (vgl. I, T. 1-4) hier vielmehr wie eine Fortsetzung des Vorausgehenden (p dolce/pp). Die Töne 4 und 8 des ansonsten unbegleitet in Oktaven geführten, augmentierten Anfangs des 1. Themas (T. 246-248 und T. 252-254: Holzbläser) münden jeweils in auf vier Takte ausgeweitete Akkordfelder (T. 249-252 und T. 255-258), wobei sich innerhalb der stationären Klänge von C-Dur und G-Dur zweimal der Überleitungsgedanke (Streicher) entfaltet:

Beispiel 11

Die spezifische Verschmelzung des Durchführungsschlusses mit dem Reprisenanfang, die das musikalische Geschehen für kurze Zeit erstarren läßt und vorerst zur vollkommenen Verschleierung des Repriseneintritts führt, findet ihre Begründung in der für den ganzen Satz grundsätzlichen kompositorischen Idee der permanenten Durchführung des thematischen Materials. Die Ausweitung des Moments der Entwicklung auf den ganzen Satz aber mußte folgerichtig dazu führen, daß die Abgrenzung der Durchführung von Exposition und

Reprise (zumindest teilweise) aufgehoben wurde. So erscheint ihr Anfang (T. 144ff.) als Scheinreprise und damit gewissermaßen auch als Fortsetzung des in der Exposition Begonnenen, und die Reprise ist auf Grund ihres verschleierten Eintritts nicht mehr Ziel und Ende der Durchführungsentwicklung, sondern ebenfalls wieder Fortsetzung des Vorausgehenden. Die Sonatenhauptsatzform erhält durch die Ausweitung des Durchführungsmoments gegenüber der traditionellen Anlage, wie sie Brahms vor allem im Werk Beethovens als vollendet betrachtet hat, einen durchaus neuen Akzent. Der formtypische Kontrast zwischen thementragenden und -entwickelnden Teilen ist zugunsten einer weitreichenden Integration des thematischen Prozesses zumindest erheblich relativiert worden.

Ab Takt 259 wird das 1. Thema mit dem zweiten Abschnitt des Vordersatzes überraschend wie in der Exposition weitergeführt (T. 259-273 = T. 5-19), wodurch verspätet und auf Grund der extremen Veränderung des ersten Vordersatzabschnittes auch weitgehend unvorbereitet doch noch eine Art Repriseneffekt eintritt. Die variierte Wiederholung des 1. Themas (T. 273-297) greift jetzt ebenfalls auf die Exposition zurück (vgl. T. 19-53). Der zweite Nachsatzabschnitt und die Fortspinnung sind hier freilich deutlich verkürzt (vgl. T. 31-53 mit T. 285-297; Ausfall T. 31-36 und T. 38-41) und zeigen im Hinblick auf die Seitensatzreprise eine neue Modulationsrichtung.

Wie schon eingangs erwähnt, folgt die Tonartendisposition des Seitensatzes in der Reprise ganz der Konvention. Das 2. Thema steht nun in der Grundtonart e-Moll, das Seitensatzmotiv in H-Dur und die Seitensatzepisode in E-Dur. Ansonsten entsprechen alle Abschnitte des Seitensatzes (einschließlich der variierten Wiederholung und Fortspinnung des Seitensatzmotivs) der in der Exposition vorgegebenen Gestaltung (vgl. T. 297-351 mit T. 53-107).

Das gleiche gilt für die ersten drei Abschnitte der Schlußgruppe (vgl. T. 351-363 mit T. 107-119), während die Fortspinnung des Seitensatzmotivs ab Takt 363 gegenüber der Exposition (vgl. T. 119-136) erheblich erweitert ist. Unter Rückgriff auf den dritten Fortspinnungsabschnitt des Seitensatzmotivs in der Durchführung (T. 206ff.) entwickelt sich ab Takt 373 eine die Coda eindrucksvoll vorbereitende Steigerung, an deren Ende die Streicherfigur des Überleitungsgedankens als Verbindung fungiert (T. 392-393). Der (hier noch erweiterte) Durchführungscharakter der Schlußgruppe und der mächtige Eintritt des 1. Themas in der Grundtonart zu Beginn der Coda (T. 393f.) trägt im ersten Moment gleichsam jenen Reprisencharakter, der zuvor ausgeblieben war. Und im Sinne der oben beschriebenen Formkonzeption erscheint es beinahe zwingend, daß Brahms „den dynamischen Höhepunkt an das Ende des von entwickelnder Variation bestimmten Satzes" verlegt hat [Schmidt, S. 221].

In der Coda wird die in der Reprisenschlußgruppe begonnene Steigerung fortgesetzt und strettaartig zu Ende geführt. Die ersten vier Vordersatztakte des 1. Themas am Anfang der Coda (T. 393-397) lassen das Imitationsmodell der zweiten Variante von I (T. 168ff.) erkennen. Im folgenden wird die bis dahin stets durchgehaltene Auftaktmotivik des Vordersatzes des 1. Themas jedoch aufgegeben, die zweite Hälfte der Terzenreihe erklingt nun in einer gravitätischen Bewegung von halben Noten (T. 398-401: Flöten, 1. Violine; siehe die gleichzeitige synkopische Versetzung des Themenabschnittes: Fagotte, Hörner, Violoncello, Kontrabaß). Der Nachsatz (T. 402ff.) führt zur eigentlichen Schlußsteigerung, wobei die Fortspinnung hier erstmals aus der variierten Entfaltung des zweiten und dritten Nachsatzabschnittes abgeleitet wird (T. 406ff.) und der zuvor zentrale zweite Abschnitt auf vier Takte beschränkt bleibt (T. 402-405). In den Takten 422-430 schließt sich die Streicherfigur des Überleitungsgedankens an, die hier zweimal tremolierend auf- und absteigt (4+5 Takte) und – wie bereits in den beiden der Coda unmittelbar vorausgehenden Takten 392-393 – das Moment des Innehaltens und Stockens nun völlig abgelegt hat. Die sich während der ganzen Fortspinnungsentwicklung ausprägenden Motive abwärtsgeführter kleiner Sekunden (vgl. T. 406ff.) rücken ab Takt 422 entschieden in den Vordergrund. Sie können sowohl als Varianten des ursprünglichen auftaktigen Terzmotivs wie insbesondere auch als „Reminiszenzen" an den charakteristischen Kleinsekundwechsel zwischen Sexte und Quinte innerhalb des Seitensatzmotivs (vgl. II) gedeutet werden.

Nachdem sich die harmonische Bewegung ab Takt 430 endgültig beruhigt hat, endet der Satz nach einem insistenten Wechsel zwischen

Dominante und Tonika (T. 435ff.) in e-Moll, dem zuletzt charakteristischerweise die Subdominante vorausgeht (T. 439).

2. SATZ

Der langsame zweite Satz (Andante moderato, 6/8, E-Dur) zeigt in seiner großformalen Anlage zwei Teile (T. 1-63 und T. 64-118), deren Gestaltung einen Sonatenhauptsatz erkennen läßt. Dieser erscheint allerdings in besonderer Weise „komprimiert", da Durchführung und Reprise – im Gegensatz zur Exposition – in ihm keine selbständigen Abschnitte ausprägen, sondern im zweiten Teil eng miteinander verschränkt sind. Die Proportionen des Satzes sind infolgedessen verschoben, Durchführung/Reprise und Coda umfassen zusammen lediglich 55 Takte gegenüber 63 Takten Exposition. Zudem wirkt die variierte Themenfolge hier – gerade im Vergleich mit der hochdifferenzierten Entwicklung des ersten Satzes – streckenweise wie eine schlichte Reihung, wobei dieser Eindruck durch die relative Einfachheit der Tonartendisposition im großen (betrachtet man den Ablauf der Haupttonarten) noch verstärkt wird. Dennoch bleibt offenkundig, daß Brahms sich am Modell des Sonatenhauptsatzes orientiert hat. Abgesehen davon, daß die Exposition weitgehend konventionell gestaltet ist (so werden beispielsweise das 1. und 2. Thema [VII und VIII] im Verhältnis Tonika/Dominante vorgestellt), tritt im zweiten Teil (in dem das 2. Thema nun „regulär" in der Tonika erscheint) an den entsprechenden Stellen klar ein Repriseneffekt ein, so daß auch der Höreindruck wesentliche Merkmale der überlieferten Form vermittelt. Das im ersten Satz so entschieden profilierte Moment der thematisch-motivischen Entwicklung erscheint indessen zugunsten einer beinahe statischen Themenanordnung deutlich reduziert. Kirchentonale Elemente, die im ersten Satz eher im verborgenen lagen, treten nun in besonderem Maße hervor und verleihen dem Satz in Verbindung mit der spezifischen Vereinfachung der formalen Anlage zum Teil einen gleichsam archaischen Charakter. Doch betrachten wir zunächst die Formübersicht des ganzen Satzes:

Exposition, Takt 1-63

Introduktion (VI)	T. 1-4
1. Thema (VII)	T. 5-13
1. (durchführungsartige) Wiederholung von VII	T. 13-21
2. (variierte) Wiederholung von VII	T. 22-30
Überleitung (durchführungsartig, von VII abgeleitet; ab T. 36: Antizipation von VIII)	T. 30-40
2. Thema (VIII)	T. 41-50
Fortspinnung von VIII (Überleitung)	T. 50-63

Verschränkung von Durchführung und Reprise, Takt 64-105

1. Thema (3. Wiederholung von VII als Reprise)	T. 64-72
„Durchführung" des 1. Themas (VII) und	T. 72-83
Antizipation von VIII	T. 84-87
2. Thema (Wiederholung von VIII als Reprise)	T. 88-98
„Durchführung" des 2. Themas (VIII)	T. 98-102
Kurze Wiederaufnahme von VII	T. 103-105

Coda, Takt 106-118

Rückgriff auf die 2. Wiederholung von VII bzw. auf
den Schlußabschnitt von VII und die Introduktion

Die knappe Introduktion (T. 1-4) besteht aus einer Art Vorform des 1. Themas (VI, e-phrygisch), die bis zur ersten Hälfte von Takt 4 unisono (f) von einer sukzessive sich aufbauenden Bläsergruppe (Hörner, Fagotte/Oboen, Flöten) vorgetragen wird. In den Takten 113-118 bildet diese Themengestalt – nun allerdings begleitet und über das ganze Orchester verteilt – den Abschluß des Satzes, so daß sie gewissermaßen den Rahmen des Ganzen absteckt[20]. Ein wesentliches Merkmal dieses noch nicht vollkommen ausgeprägten thematischen Elements besteht in der einfachen Wiederholung einzelner motivischer Glieder oder auch Teilglieder, wodurch ein im Grunde eintaktiges Gebilde (T. 1) auf drei bzw. vier Takte erweitert wird:

Beispiel 12

Innerhalb des 1. Themas (VII, T. 5-13, E-Dur mit phrygischer Färbung, Modulation nach gis-Moll) wird dieses Prinzip aufgegriffen. Die „Keimzelle" des ersten Taktes entfaltet sich hier zu einer achttaktigen Periode mit jeweils vier Takten Vorder- und Nachsatz. Das herbe Unisono der Bläser vom Anfang ist zurückgenommen, das Thema und seine Begleitung erklingen nun in einer zarten Kombination aus Holzbläsern (Klarinetten, Fagotte/Flöten) und Streicherpizzikati (pp, vgl. VII in der 1. Klarinette und 1. Violine).

In der ersten und zweiten Wiederholung des 1. Themas (T. 13-21 und T. 22-30, anfänglich jeweils wieder E-Dur mit phrygischer Färbung) werden die kontrastierenden Klangcharaktere der Introduktion und der Exposition des 1. Themas miteinander verbunden. Die auf 9 Takte erweiterte erste Wiederholung ist gegenüber der nur leicht variierten zweiten Wiederholung im Ansatz durchführungsartig gestaltet und weist dadurch bereits auf die Überleitung der Takte 30-40 voraus. Letztere erscheint zunächst ebenfalls als Durchführungsvariante des 1. Themas (T. 30-36, E-Dur, dann Modulation in die Doppeldominante), mündet in Takt 36 jedoch in eine Bewegung aus Sechzehnteltriolen, die sich bei genauer Betrachtung als Antizipation des 2. Themas (VIII) erweist[21] (vgl. T. 36-39, abwechselnd Bläser und Streicher):

Beispiel 13

Das 2. Thema (T. 41-50, H-Dur) zeigt eine Gliederung in vier Takte Vorder- und fünf Takte Nachsatz. Die ausdrucksvolle Kantilene der Violoncelli (VIII) ist in ein reiches, mit Imitation durchsetztes Nebenstimmengeflecht eingebettet, das einen Kontrast zu der im Vergleich größtenteils einfachen Begleitung des 1. Themas bildet. Besondere Beachtung verdienen die Figurationen der 1. Violine, die dem Thema als selbständige motivische Bewegung gegenüberstehen. Zu Anfang des Nachsatzes (T. 45) greifen das 1. Fagott und die 2. Violine den ersten Thementakt auf, während die eigentliche Fortsetzung des Themas in dem chromatischen Stufengang der Violoncelli liegt.

Die Fortspinnung der Takte 50-63 knüpft an das kadenzierende Motiv am Ende des 2. Themas an (2. Hälfte von T. 49: Violoncello, vgl. T. 50-52: 1. Klarinette/1. Violine/1. Fagott/Violoncello). Aus ihm entwickelt sich die Überleitung zum zweiten Teil des Satzes.

Die dritte Wiederholung des 1. Themas am Beginn des zweiten Teils (T. 64-72, E-Dur, Modulation nach gis-Moll) verweist auf die Takte 5-13 der Exposition und trägt entsprechend Reprisencharakter. Die phrygische Färbung des Themas (Pizzikati der 1. und 2. Violine) ist hier aufgegeben. Die neuen Begleitfiguren der Holzbläser entstammen der vorausgehenden Überleitung, während die ursprünglichen Klarinettenstimmen sich weitgehend in der Viola wiederfinden. Der anschließende kurze Durchführungsabschnitt (T. 72-83) greift anfangs auf die erste Wiederholung des 1. Themas zurück (vgl. T. 13-21), prägt jedoch trotz seiner Knappheit das Element der Themenverarbeitung wesentlich deutlicher aus. Über einen differenzierten Modulationsgang (Hauptstufen: E-Dur/H-Dur/G-Dur/B-Dur/Fis-Dur/D-Dur/Fis-Dur) wird bereits in Takt 84 (H-Dur) der das 2. Thema vorbereitende Antizipationsabschnitt (T. 84-87, vgl. T. 36-40) erreicht.

Die Reprise des 2. Themas (T. 88-98, E-Dur), bei der die motivisch selbständigen Violinfigurationen fortfallen und die Kantilene in die 1. Violine gerückt ist, zeigt am Ende – im „überzähligen" zehnten Takt – eine Art Fortspinnungsansatz, der als prägnante Überleitung zu der auf ganze vier Takte begrenzten „Durchführung" (T. 98-102) fungiert, die eigentlich nur eine synkopische Variante des Vordersatzes des 2. Themas darstellt. Der Nachsatz ist lediglich in einem einzigen Takt angedeutet (T. 102) und führt in eine dreitaktige Sequenz des Kopfes des 1. Themas (T. 103-105: Klarinetten, Fagotte).

Im ersten Teil (T. 106-110) der Coda erscheint über dem festgehaltenen, in den Streichern raunend-bewegten verminderten Dreiklang auf Gis (ppp) ein Fragment des 1. Themas (Klarinetten, 1. Oboe), das der zweiten Wiederholung entstammt (vgl. T. 25ff.: Bläser). Die Musik scheint an dieser Stelle, die wieder den Charakter eines Klangfeldes trägt, gleichsam stillzustehen:

Beispiel 14

Der anschließende Rückgriff auf die zweite Nachsatzhälfte des 1. Themas (T. 110-12, vgl. T. 11-12) wirkt demgegenüber wie die Fortsetzung einer gerade unterbrochenen Entwicklung. Er bildet den Übergang zum kurzen Schlußabschnitt, in dem die (nun auf vier bzw. sechs Takte gedehnte) Vorform des 1. Themas aus der Introduktion (VI) wiederkehrt (T. 113-118, E-Dur/e-phrygisch) und den Rahmen des ganzen Satzes absteckt (s.o.). Der E-Dur-Schlußakkord (T. 117-118, pp) wird über den sich am Ende von Takt 116 beinahe flüchtig über dem Tonikagrundton (Violoncello, Kontrabaß, Pauken) entfaltenden Moll-subdominantgegenklang (vgl. insbesondere Flöten und Oboen) erreicht, der der Wendung wiederum eine „phrygische" Färbung verleiht und somit auch hier auf den Anfang des Satzes verweist.

3. SATZ

Innerhalb der Sonatenzyklen von Brahms gehört das Allegro giocoso (2/4, C-Dur) der IV. Symphonie zu den eher seltenen Sätzen mit ausgesprochenem Scherzo-Charakter, wie man sie unter anderem noch in der 1. Serenade, dem Klavierquintett in f-Moll op. 34, dem Horntrio in Es-Dur op. 40, dem 3. Klavierquintett in c-Moll op. 60 oder dem 2. Klaviertrio in C-Dur op. 87 findet. Im Hinblick auf Brahms' Symphonien ist der dritte Satz der Vierten das überhaupt einzige wirkliche Scherzo[22], während die die entsprechende Stelle einnehmenden Sätze der Symphonien I-III allesamt einen mehr oder weniger lyrischen Intermezzo-Charakter tragen (eine gewisse Ausnahme in dieser Beziehung bilden die beiden Presto-ma-non-assai-Teile des dritten Satzes der II. Symphonie[23]). In diesem Sachverhalt verdeutlicht sich nicht zuletzt eine Tendenz, die die überkommene *Kontrastform* des Sonatenzyklus zugunsten einer bewußten Konzentration auf satzübergreifende Zusammenhänge, die sich vor allem in den Ecksätzen ausprägen, gleichsam in den Hintergrund verdrängt. Daß den Mittelsätzen in der IV. Symphonie dennoch insgesamt ein größeres Gewicht zukommt als denjenigen der drei vorausgehenden Schwesterwerke, könnte seinen Grund darin haben, daß Brahms sein Ideal einer in bezug auf die innere Form und Gestaltung umfassenden Integration hier – gewissermaßen zum Abschluß seiner Auseinandersetzung mit der Symphonie – noch einmal nachdrücklich mit den tradierten Normen der Gattung konfrontieren wollte.

Ist der dritte Satz seinem Wesen nach ein (geradtaktiges) Scherzo, so unterscheidet sich dessen Form doch entschieden von der traditionellen Gliederung in abgegrenzte Hauptsatz- und Trio-Abschnitte, die beispielsweise noch in den bedeutenden Scherzi Bruckners die Norm ist. Statt dessen ist auch hier wieder ein Sonatenhauptsatz zu erkennen, der im Unterschied zu demjenigen des Andante moderato in seinen Satzteilen sogar vollständig ausgeführt erscheint.

Exposition, Takt 1-88

1. Thema (IX: 3 Abschnitte)	T. 1-19
Fortspinnungsvariante des 2. Abschnitts von IX	T. 19-34
Variierte Wiederholung von IX (nur 1. und 2. Abschnitt) und Überleitung	T. 35-51
2. Thema (X)	T. 51-63
Variierte Wiederholung von X und Überleitung	T. 62-88

Durchführung, Takt 89-199

1. Thema (1. und 2. Abschnitt von IX, Erweiterung der Stauung aus T. 5 zum Klangfeld und Fortspinnung des 2. Abschnitts)	T. 89-138
1. Thema (Varianten des 1. Abschnitts und Destruktion des Fortspinnungsmodells des 2. Abschnitts von IX)	T. 139-167
1. Thema (Variante des 1. Abschnitts von IX als „Überleitung")	T. 168-181
1. Thema (Variante des 3. Abschnitts von IX mit „Trio-Charakter")	T. 181-199

Reprise, Takt 199-282

1. Thema (IX: nur 3. Abschnitt)	T. 199-208
Fortspinnungsvariante des 2. Abschnitts von IX	T. 208-223
Variierte Wiederholung von IX (1. und 2. Abschnitt erweitert)	T. 224-246
2. Thema (X)	T. 246-258
Fortspinnungsvariante von X und Überleitung	T. 257-282

Coda, Takt 282-357

Steigerungsfeld (gebildet aus Elementen des 1. und 2. Abschnitts von IX)	T. 282 311

Verarbeitung des 1. Themas (IX) mit Verschränkung des 2. und 3. Abschnitts sowie Rückgriff auf den 1. Abschnitt als Abschluß T. 311-357

Wie im ersten Satz bleibt das 2. Thema (X) auch hier episodisch, liegt das Schwergewicht der motivisch-thematischen Entwicklung ganz auf der Verarbeitung des komplexen mehrteiligen 1. Themas (IX). Und wie im ersten Satz beginnt die Durchführung mit einer Scheinreprise, während der Einsatz der Reprise selbst wiederum in bestimmter Weise verschleiert ist.

Die in allen Teilen betonte Wiederkehr des charakteristischen ersten Abschnitts des 1. Themas hat Donald Francis Tovey dazu bewogen, den Satz als eine Art Sonatenrondo zu bezeichnen [Tovey, S. 119], ein Aspekt, den insbesondere Schmidt aufgreift und ausführt, indem er die Einsätze des 1. Themas zu Beginn der Durchführung und in der Coda zusammen mit seiner Exposition als „Refrains", die „Seitensatzgruppen" und die weiteren Durchführungsabschnitte als „Couplets" deutet und damit eine plausible Annäherung an die überlieferte Rondoform versucht [Schmidt, S. 231ff.]. Dennoch ist es die Sonatenhauptsatzform, die hier den inneren Zusammenhang bestimmt und an der sich Brahms' ausgeprägter Hang zu einer beziehungsreichen, ganz auf umfassende Entwicklung gerichteten Formgestaltung bemißt.

Das behäbig-heitere 1. Thema (IX, T. 1-19, C-Dur, Tutti mit Piccolo und Kontrafagott) teilt sich in drei Abschnitte [vgl. ebenfalls Evans, S. 158f., sowie Schmidt, S. 231] zu 5½ , 4 und 8½ Takten, die im folgenden als selbständige Einheiten erscheinen, sich jedoch auch hier bereits voneinander abheben. Der erste Abschnitt (T. 1-6) ist durch den Wechsel zwischen einer markant phrasierten Achtelbewegung mit quasi „synkopischem" Charakter (vgl. die entsprechenden Synkopierungen in T. 35ff., T. 139ff. oder T. 224ff.) und scharf akzentuierten Vierteln gekennzeichnet, die sich in Takt 5/6 auf der Subdominante (ohne Quinte) stauen. Durch den ins erste Viertel des sechsten Taktes hinüberreichenden Stauungsklang werden die beiden folgenden Abschnitte gegen die Taktschwerpunkte verschoben. Die Tonrepetitionen des zweiten Abschnitts (T. 6-10) beginnen entsprechend auftaktig, zeigen jedoch schon eine latent gegen das Metrum gerichtete Betonung. Diese wird dann im fanfarenartigen dritten Abschnitt (T. 10-19) durch die konsequente Markierung der schwachen Taktteile noch deutlicher. Es ist interessant zu beobachten, daß Brahms rhythmische Differenziertheit hier – wie im wesentlichen auch im folgenden – ganz auf die Horizontale verlagert, was als für ihn untypisch bezeichnet werden muß. Die sich in diesem Sachverhalt ebenfalls spiegelnde Anlehung an einen rhythmisch robusten Scherzo-Charakter bezeichnet das Allegro giocoso einmal mehr als „Außenseitersatz" im Œuvre von Brahms.

Die Fortspinnung der Takte 19-34 greift den zweiten Abschnitt des 1. Themas auf; die ursprünglich in die Tonrepetitionen sowie die Sechzehntelfigurationen integrierte melodische Linie (vgl. T. 6-10: 1. Violine) erscheint hier zunächst in einfacher Viertelbewegung (T. 19-21: 1. Violine, 1. Klarinette) und wird neu figuriert weitergeführt (T. 21-23: 1. Violine, 1. Oboe) und verarbeitet.

In der Wiederholung des 1. Themas in den Takten 35-44 (C-Dur, Modulation nach G-Dur) bleibt der dritte Themenabschnitt ausgespart. Der erste Abschnitt erscheint in einer Umkehrungsvariante (T. 35-38) und staut sich nun auf der Tonikaparallele (T. 39/40). Hier und im folgenden zweiten Abschnitt ist der Klang gegenüber dem ersten Auftreten des 1. Themas durch den exponierten Einsatz der hohen Holzbläser und die Verwendung des Triangels (T. 39ff.) deutlich verschärft, wodurch der Kontrast zu der klanglich zurückgenommenen kurzen Überleitung (T. 44-51) hervorgehoben wird. In deren zweiter Hälfte (T. 48-51) zeigt sich eine in die Modulation integrierte Terzenreihe (1. Flöte, 1. Klarinette, 1. Fagott)! Diese Rückbeziehung zum ersten Satz wird gleich darauf gefestigt, da das 2. Thema (X, T. 51-63) sich bei genauer Betrachtung als mit dem Seitensatzmotiv II verwandt erweist [dazu Riemann I, S. 90f.; Evans, S. 159f.].

Beispiel 15

Gegliedert ist das betont graziöse 2. Thema (1. Violine) in einen viertaktigen Vorder- und einen siebentaktigen Nachsatz. Interessanterweise changiert es zunächst zwischen zwei Tonarten: der Tonika und der Dominante des Satzes (vgl. den Vordersatz). Die variierte Wiederholung zeigt das 2. Thema ins Burleske gewendet (T. 62-76); sie führt in die aus dem „Kopf" des 2. Themas (1. Violine/Fagotte, Hörner) gebildete Überleitung (T. 76-88). In den Takten 85-88 staut sich die Bewegung, wobei auch hier das „Kopfmotiv" zu erkennen ist (Violoncello, Kontrabaß, Kontrafagott).

Wie schon angemerkt, beginnt die Durchführung als Scheinreprise. Der erste Abschnitt des 1. Themas ist anfangs (T. 89-92) gegenüber der Exposition unverändert (vgl. T. 1-4), die ursprüngliche Stauung auf der Subdominante wird hier jedoch zu einem ausgedehnten Klangfeld (T. 93-107) erweitert. Der erst zwei-, dann eintaktige Wechsel zwischen der Subdominante ohne und mit Quinte sowie der Subdominantparallele (dazu T. 106/107: Subdominante mit übermäßiger Sexte und Quinte im Baß/übermäßiger Quintsextakkord auf F) ist klanglich durch den Wechsel zwischen „dunkler" und „heller" Instrumentierung (tiefe Streicher- und Bläserlagen, Paukenwirbel/hohe Bläser, Triangeltremolo bzw. hohe Streicher- und Bläserlagen, Triangeltremolo) markiert. Dieser Stillstand erinnert an den Schluß der Durchführung des ersten Satzes (vgl. dort T. 227-246), wo es der erste Nachsatzabschnitt des 1. Themas war, der zu einem Klangfeld gedehnt wurde. Auch der zweite Abschnitt des 1. Themas (T. 107ff.) ist erweitert (vgl. die Stauung in T. 109-111). Ein erster Fortspinnungsansatz (T. 113-117) kombiniert die Sechzehntelfigurationen des zweiten (1. und 2. Violine) mit dem ersten Themenabschnitt (Viola, Violoncello). Im folgenden (T. 117-138) bezieht sich die Fortspinnung auf das aus dem zweiten Themenabschnitt gewonnene Modell der Takte 19ff. und führt es in der Verarbeitung seiner Glieder weiter aus.

Auch der nächste Durchführungsteil beginnt mit dem ersten Abschnitt des 1. Themas. Er ist auf acht Takte erweitert (T. 139-146), wobei sich die erste Hälfte (Holzbläser) auf die Umkehrungsvariante aus der Exposition bezieht (vgl. T. 35-38). An Stelle der Stauung folgt hier eine viertaktige Erweiterung des „Themenkopfes“ (Streicher). Sie führt in einen Fortspinnungsteil, der zunächst die markante Viertelbewegung des ersten Abschnitts des 1. Themas verarbeitet (T. 147-155, vgl. den „Themenkopf“ in T. 151f.), dann jedoch wiederum auf das Fortspinnungsmodell des zweiten Themenabschnitts (vgl. T. 19ff. und T. 117ff.) zurückgreift und es mit dem „Themenkopf“ verbindet und destruiert (T. 155-167).

Der hier bereits ganz zurückgenommene Klang (ab T. 151: nur Streicher; dim./pp dim. sempre/ppp) bereitet die folgende, ins Zarte gewendete Variante des ersten Abschnitts des 1. Themas vor (T. 168-181), die als Überleitung zum letzten Durchführungsteil fungiert.

In diesem (T. 181-199) ist es nun der dritte Abschnitt des 1. Themas, der verarbeitet wird. Sein ursprünglich fanfarenhaftes Gepräge erscheint hier allerdings ins Lyrische verkehrt. Sein langsameres neues Tempo (Poco meno presto) sowie sein betont melodisch-gesanglicher, fast kammermusikalischer Charakter verleiht diesem Teil, der ein Kontrast zum ganzen übrigen Satz bildet, im Hinblick auf die Scherzo-„Funktion“ des Satzes gleichsam die Stellung einer eingeschalteten (rudimentären) Trio-Episode.

Der Einsatz der Reprise (T. 199: Tempo I) platzt mit dem auf den dritten Abschnitt verkürzten 1. Thema (T. 199-208) geradezu lärmend herein, wenngleich die Reprisenwirkung durch den Ausfall vor allem des ersten Themenabschnitts deutlich vermindert, in gewisser Weise sogar verschleiert ist.

Die Fortspinnungsvariante des zweiten Themenabschnitts (T. 208-223) greift auf den entsprechenden Teil der Exposition zurück (vgl. T. 19-34), während die variierte Wiederholung des ersten und zweiten Themenabschnitts (T. 224-246) in ihren Gliedern gedehnt (erster Abschnitt) bzw. verändert (zweiter Abschnitt) ist (vgl. T. 35-51).

Das 2. Thema (T. 246-258) changiert nun zwischen der Tonika und der Subdominante. Seine Fortspinnungsvariante zeigt ein neues Modell markant wechselnder Viertel und Achteltriolen (T. 257-275: Streicher, Pauken; vgl. die Akzente der Bläser), das schließlich in eine nachdrücklich betonte Viertelbewegung mündet (T. 276-282, ff.). Letztere bildet zugleich den Übergang als auch das Kontrastmoment zum Einsatz der Coda. Am Anfang der Coda entfaltet sich über einem Orgelpunkt auf G (Pauke, Kontrabaß) ein Steigerungsfeld (T. 282-311), das zum einen Elemente des 1. Themas enthält und verarbeitet (erster und zweiter Abschnitt), zum anderen auf Motivgebilde zurückgreift, die im vorausgehenden als Nebenstimmenelemente vollkommen im verborgenen lagen. Gemeint sind die jeweils in Gegenbewegung aufeinanderfolgenden dreitönigen Sekundmotive (T. 282-285: nur Streicher, dann Bläser und Streicher), die erstmals ab Takt 24 während der ersten Ausprägung des Fortspinnungsmodells des zweiten Abschnittes des 1. Themas zu erkennen waren (vgl. T. 24-29: Violoncello, Kontrabaß/2. Violine, Viola; vgl. auch T. 213-218). Innerhalb des durchbrochen gearbeiteten Anfangs des Steigerungsfeldes geben sich die Sekundmotive nun als Fragmente des „Kopfes" des 1. Themas zu erkennen (vgl. die Integration der Motive in den Themenkopf in T. 286-287 und T. 292-294: Holzbläser). Elemente des zweiten Abschnitts des 1. Themas prägen den zweiten Teil der Steigerung, die mit großer Geste in den Schluß der Coda überleitet.

Hier werden anfänglich nochmals der erste und zweite Abschnitt verarbeitet bzw. in ihren Gliedern erweitert (T. 311-337). Ausgehend von der Subdominante (T. 311ff.) zeigt die nach dem Vorbild des Durchführungsbeginns (vgl. T. 93-107) zum Klangfeld gedehnte Stauung der Takte 316-326 Wechsel zwischen der Subdominante und dem Dominantseptakkord. Über den Subdominantklang mit kleiner Septime am Ende der Stauung (T. 325/326) wird der ebenfalls erweiterte zweite Themenabschnitt erreicht. Der dritte Abschnitt des 1. Themas erscheint in den Takten 337-346 (Bläser), hier allerdings eng verschränkt mit Elementen des zweiten Themenabschnitts (Streicher, Kontrafagott). Letztere lassen noch einmal das Fortspinnungsmodell der Takte 19ff. erkennen und verweisen damit nicht zuletzt auf dessen über alle Teile des Satzes ausgreifende Verbindlichkeit.

Mit dem Kopf des 1. Themas (T. 347-352: Streicher, Kontrafagott) wird der in strahlendem C-Dur erklingende Schluß des Satzes (T. 353-357) vorbereitet.

4. SATZ

Im letzten Satz der IV. Symphonie (Allegro energico e passionato, 3/4, e-Moll) wandte sich Brahms noch einmal in besonderer Weise der Lösung des symphonischen Finalproblems zu. War es ihm im Schlußsatz der I. Symphonie vor allem darum gegangen, den Durchbruch zur eigenen Symphonik zu erreichen, was ihm dadurch gelang, daß er das Chorfinale der IX. Symphonie Beethovens in dem Entwurf einer in ihren mehrschichtigen Beziehungen neuen Formdisposition für sich „überwinden" konnte, ohne auf Beethovens Erweiterung der klanglichen Mittel zurückzugreifen (vgl. oben: Brahms und die Symphonie), so stellte sich ihm die Finalfrage knapp zehn Jahre später nur mehr als ein werkimmanentes Problem. Im Finale der IV. Symphonie mußte es Brahms insbesondere darum gehen, ein Gegengewicht zu der überaus differenzierten motivisch-thematischen Arbeit und Formgestaltung des ersten Satzes zu schaffen, durch das schließlich die gesamte Entwicklung des Werkes zu einem Höhepunkt geführt werden und sich der symphonische Zyklus zu einem formal und inhaltlich umfassend schlüssigen Ganzen runden konnte. Ganz richtig wurde bemerkt, daß „die Aufgabe" der ungewöhnlichen Formanlage des Finalsatzes darin besteht, „den Steigerungsaufbau, der sich schon in jedem der anderen Sätze zeigt, weiterzuführen und dabei in einer möglichst strengen Ordnung zur äußersten Verdichtung der thematischen Arbeit zu gelangen" [Mitschka, S. 292]. Im Grunde erreichte Brahms im letzten Satz der IV. Symphonie das, was Bruckner in seiner IX. Symphonie (1887-94/96), deren Finale bekanntlich nach jahrelanger Arbeit Fragment geblieben ist, offenbar verwehrt war: die in sich vollkommene Zusammenfassung der eigenen symphonischen Erfahrungen und Ideen.

Daß es Brahms im Schlußsatz der IV. Symphonie tatsächlich um eine gänzlich eigenwillige Finallösung ging, zeigt sich gerade darin, daß er hier eine in bezug auf die Gattung bis dahin beispiellose Formwahl getroffen hat. Der Satz folgt einer Variationsform, wie sie sich in den barocken Reihungsformen der *Chaconne* und *Passacaglia* ausgebildet hatte. Da bei Brahms das Thema innerhalb der Variationen abwechselnd sowohl in vielfältiger Gestaltung als Bestandteil der Oberstimmen wie auch als Baß Verwendung findet, ist allerdings eine Entscheidung, ob es sich hier um die eine oder andere der beiden Formen (deren Abgrenzung im übrigen schon im 18. Jahrhundert nicht mehr eindeutig war) handelt, nicht möglich – und im Hinblick auf die Komposition Brahms' ist sie wohl auch nicht von Bedeutung. Die dem Satz zugrunde liegende Konzeption einer Verschmelzung von alter und neuer Form, von archaisierend-strenger Variationsreihe und großem symphonischem Zug, die nicht zuletzt auch im Zusammenhang mit Brahms' großer Affinität zur Musik Johann Sebastian Bachs gesehen werden muß,[24] hat freilich zur Entstehung eines singulären Symphonieschlusses geführt. „Der Archaismus" des Finales der IV. Symphonie, so betont Mitschka mit Recht, „dient nicht romantisch-pittoresker Wirkung, sondern der Lösung eines tektonischen Problems" [Mitschka, S. 292]. In ihm spiegelt sich die enge Verflechtung von rigoroser thematischer Gebundenheit und großräumiger Formentwicklung, wie sie geradezu konstitutiv für das gesamte Werk ist, aufs eindringlichste. Es liegt nahe anzunehmen, daß Brahms ein in bestimmter Hinsicht ähnlich geartetes großes Vorbild hatte, nämlich das „Fugato"-Finale aus Mozarts „Jupiter"-Symphonie KV 551 (1788).[25]

Der „Hauptverlauf" der Form des letzten Satzes der IV. Symphonie ist, wie gesagt, als Variationenreihe angelegt. Die Achttaktigkeit des Themas (XI) wird in den Variationen prinzipiell durchgehalten. Lediglich in den Variationen 12-15 (T. 97-128) erscheint sie durch die Dehnung des 3/4-Taktes zum 3/2-Takt (♩=♩) in ihrer Dauer auf das Doppelte verlängert, ohne daß dadurch das achttaktige Modell aufgegeben würde. Dieses geschieht nur in der letzten Variation (T. 241-252), die auf zwölf Takte erweitert ist, wobei ihre letzten vier Takte auch unabhängig vom Hauptglied der Variation (T. 241-248) – gewissermaßen als „Scharnier" zur Coda – gesehen werden können.

Das Thema selbst (XI, T. 1-8, e-Moll) wird zu Anfang als Oberstimme (Flöten, 1. Oboe, Oktavverdopplung in der 1. Posaune) des wuchtig instrumentierten homophonen Bläsersatzes exponiert, obschon es seiner Gestalt nach (leittönig zur Quinte aufsteigende Skala mit kadenzierendem Abschluß) eher als Baßlinie konzipiert zu sein scheint. Entsprechend dieser bestimmten „Offenheit" durchdringt es im folgenden den Tonsatz auf unterschiedlichste Weise. Charakteristisch ist die stufenreiche Harmonisierung des Themas mit ihrer wiederum entschiedenen Betonung der Subdominantregion (T. 1-4) und ihren den Kadenzgang des Themas differenzierenden Alterierungen (vgl. in T. 5/6 den von der Doppeldominante aus erreichten Tonikasextakkord sowie den in die Durtonika führenden alterierten Dominantseptakkord [übermäßigen Terzquartsextakkord] mit „phrygischem" F in T. 7). Der hier abgesteckte harmonische „Rahmen" bleibt für die Variationen insofern von Bedeutung, als eigentliche Modulationen in andere Stufen – trotz subtilster Abwandlungen des harmonischen Verlaufs[26] – nicht stattfinden. Einzig die Variationen 13-15 (T. 105-128) stehen (ganz im Sinne traditioneller Variationsfolgen) in der Durvariante der Haupttonart.

Als Ganzes gliedert sich der Satz in die Exposition des Themas (T. 1-8), 30 Variationen (T. 9-248/252) und eine Coda (T. 253-311). Ein wichtiges Merkmal ist in diesem Zusammenhang, daß die Variationen derart miteinander verbunden sind, daß das Prinzip der aus der Folge achttaktiger Glieder hervorgehenden Reihung verschleiert wird. Tatsächlich vermittelt der Satz erst in zweiter Linie den Eindruck einer aus kleinen Einheiten bestehenden Variationsform; im Hintergrund steht demgegenüber, wie schon Kalbeck hervorhob, ein „einzige(r) unaufhaltsame(r) Zug" [Kalbeck III/2, S. 479], ein „einheitlicher Bewegungszug" [Mitschka, S. 294], der einen zusammenhängenden großen symphonischen Satz entstehen läßt.

Die Verbindung oder Verschmelzung der Variationen miteinander geschieht auf mannigfache Weise und kann am Anfang bzw. Ende einer jeden Variation sowie auch innerhalb der Variationen beobachtet werden. Es seien hier einige wenige Beispiele angeführt: Der das

Thema „umspielende" Holzbläsersatz der 2. Variation (T. 17-24) beginnt bereits in Takt 16 mit der unisono geführten auftaktigen Melodie der 1. Oboe und 1. Klarinette. Ab Takt 17 greifen die tiefen Streicher dann das Muster der jeweils auf dem zweiten Viertel nachschlagenden (Pizzikato-) Streicherakkorde der 1. Violinen (T. 9-16) auf (das Thema findet sich in beiden Fällen in den Oberstimmen der Akkorde: 1. Violine, [Violoncello]/Viola, Violoncello). Die Verbindung zwischen der 5. und 6. Variation (T. 41-48, Thema: Violoncello, Kontrabaß, 2. Flöte, 2. Oboe, 2. Fagott; T. 49-56, Thema: Violoncello, Kontrabaß, Fagotte) ist besonders dadurch gekennzeichnet, daß der große Melodiezug der 5. Variation (1. und 2. Violine, Viola) in der 6. Variation (1. und 2. Violine) zäsurlos fortgesetzt wird, wodurch ein besonderer Grad innerer Verschmelzung erreicht wird:

Beispiel 16
Melodiezug der Variationen 5 und 6

Ähnliches gilt unter anderem auch für die Variationen 14/15 (T. 113-120/T. 121-128; Thema jeweils in den Unterstimmen der Bläserakkorde und Streicherfigurationen) und 17/18 (T. 137-144, Thema: 2. Violine, Violoncello; T. 145-152, Thema: 2. Violine, Viola, Bläser). Bei genauer Betrachtung wird man feststellen, daß die aufeinanderfolgenden Variationen zumeist auseinander hervorgehen, daß über das Moment der Verschränkung an den „Schnittstellen" hinaus insbesondere dasjenige der übergreifenden motivisch-thematischen Entwicklung den Zusammenhang des Satzganzen ausprägt. So sind die Variationen 8 und 9 (T. 65-72, Thema: Violoncello, Kontrabaß, 2. Fagott; T. 73-80, Thema: Violoncello, Kontrabaß, [Viola], Fagotte) durch die Streicherfiguren (Akkordbrechungen mit anschließenden Wechselnotenfolgen) und die dazugehörigen chromatischen Holzbläserskalen klar aufeinander bezogen, während etwa die 20. Variation (T. 161-168, Thema: 1. und 2. Violine, Hörner [Viola, Holzbläser]) eine regelrechte Variante der 19. Variation (T. 153-160, Thema: 1. Violine, [Viola], Bläser) darstellt (vgl. die Oberstimmenführung der Streicher und Bläser bzw. der Streicher und Hörner):

Beispiel 17
Oberstimmenführung der Variationen 19 und 20

Andere Beispiele für den Zusammenhang aufeinanderfolgender Variationen ließen sich anführen. Darüber hinaus gibt es jedoch auch verschiedene Beziehungen zwischen nicht benachbarten Variationen, die darauf hindeuten, daß dem Satz eine spezifisch zyklisches Moment innewohnt, das die Variationsform überlagert. Die wichtigsten von ihnen lassen schließlich erkennen, daß Brahms auch den letzten Satz der Symphonie – wie alle drei vorausgehenden Sätze – der Sonatenhauptsatzform angenähert hat.[27]

Eine auffällige Zäsur innerhalb des Satzes bildet die 16. Variation (T. 129-136). Sie trägt deutlich den Charakter einer auf die Exposition des Themas bezogenen Reprise und markiert die Mitte des Satzes (Thema, Variationen 1-15 mit der „Verlängerung" der Variationen 12-15/ Variationen 16-30, Coda). Dennoch handelt es sich auch hier –bezogen auf die integrierte Sonatenhauptsatzform –wieder nur um eine „Scheinreprise" (vgl. die Sätze 1 und 3). Die „wirkliche" Reprise tritt (den Proportionen der zugeordneten Form entsprechend) mit der 23. Variation (T. 185-192) ein. Während das Thema zunächst freilich nicht in dem charakteristischen homophonen Bläsersatz der Exposition und der 16. Variation erscheint, sondern noch in den mehrschichtigen Variationsablauf eingebettet ist (vgl. vor allem die Hörner sowie die 1. und 2. Violine), greifen die Variationen 24-26 (T. 193-216) klar erkennbar auf die Variationen 1-3 zurück. Spätestens hier, in der verschleiert eintretenden Reprise, erhalten die Themenexposition und die 1.-3. Variation sowie die 23.-26. Variation die Funktion eines Hauptsatzes. Signifikanter noch wird dieser Sachverhalt, wenn man bedenkt, daß sich in der 4. Variation (T. 33-40) ein „Gegenthema" zum Variationsthema ausprägt (1. Violine; Variationsthema: Violoncello, Kontrabaß, Fagotte), das auch in der 5. und 6. Variation (T. 41-56) den Vordergrund bildet (Varianten des „Gegenthemas": 1. und 2. Violine, Viola/ 1. und 2. Violine), wodurch eine Art Seitensatz entsteht.

Beispiel 18: das „Gegenthema"

Die (verkürzte) Reprise des Seitensatzes läßt sich in den Variationen 27 und 28 (T. 217-232) erkennen, die eng verbunden sind (vgl. die Holzbläser) und an die Variantenbildungen des „Gegenthemas" vom Anfang des Satzes anknüpfen (vgl. insbesondere die Variationen 5 und 27).

Ist der durch die Beziehungen zwischen Exposition und Reprise der Hauptsatz- und Seitensatz-Felder gegebene Zusammenhang deutlich zu erkennen, so ist es im Hinblick auf die Sonatensatzform schwieriger, andere Glieder eindeutig abzugrenzen. Gleichwohl zeigt sich in der zunehmenden Verwobenheit des Variationsthemas mit dem gesamten Tonsatz ein Moment der Durchführung, das dem Verlauf der permanent verbundenen Variationen übergeordnet ist. Vorbereitet in den Variationen 7-11 (T. 57-96), rückt das Variationsthema in der 12. Variation (T. 97-104) gleichsam ins verborgene, erscheint es (spätestens ab T. 99) nur mehr „beiläufig" in der ausdrucksvollen Flötenmelodie:

Beispiel 19

Durch den Taktwechsel (3/2) und das durch die lange solistische Flötenmelodie mit einfachster Begleitung bestimmte neue klangliche Gepräge der 12. Variation entsteht ein formaler Einschnitt, der durchaus als Markierung des eigentlichen Durchführungsbeginns gedacht werden kann. In den Dur-Variationen 13-15 (T. 105-128), die ebenfalls den 3/2-Takt beibehalten, wird zunächst die Destruktion des Themas kurz fortgesetzt (T. 105-112, Thema: Holzbläser), während es in den folgenden choralartigen Bläsersätzen wieder als Baßlinie stabilisiert erscheint (T. 113-128, Thema: Unterstimmen der tiefen Bläser und Streicher). In letzterem bereitet sich die Scheinreprise der 16. Variation vor, die praktisch den Beginn eines zweiten Durchführungsabschnittes anzeigt.

Durchführungsschluß und Repriseneintritt sind dann aufs subtilste miteinander verschränkt. Obschon die rhythmisch besonders scharf gezeichnete 21. Variation (T. 169-176), in der das Thema kaum mehr erkennbar ist und auf sechs Takte (nebst zwei Takten „Anhang") komprimiert wird (siehe die Oberstimmen der hohen Streicher und Holzbläser), bereits das Ende der Durchführung anzuzeigen scheint, folgen noch zwei zusammenhängende Variationen (22 und 23, T.

177-192), die zunächst wie ein Ansatz zur Fortsetzung der Durchführung wirken, deren zweite dann aber doch den unmerklichen Eintritt der Reprise darstellt (s.o.). Allein in dieser auf kleinstem Raum realisierten hochdifferenzierten und mehrschichtigen Entwicklung zeigt sich Brahms als ein Meister feinster Übergänge und Zusammenhänge.

Der Schluß der Variationsfolge schlägt den Bogen zurück zum Anfang des Werkes, indem in den Variationen 29 und 30 (T. 233-248/252) auf die Terzenreihe des ersten Satzes zurückgegriffen und diese mit dem Variationsthema verschmolzen wird (vgl. die jeweils ersten vier Takte der Variationen: Streicher/Streicher und Kontrafagott). Dieser Rückbezug am Ende des Finales, der sich in den Variationen 4 und 7 bereits andeutet (vgl. die Terzenreihen in T. 38-40 [1. Violine] und T. 62-64 [1. und 2. Violine, Viola]) und durch die kanonische Führung des Terzenreihenthemas in der 30. und letzten Variation (T. 241ff.: 1. und 2. Violine/Violoncello, Kontrabaß, Kontrafagott) zusätzlich unterstrichen wird, hebt den inneren Zusammenhang des ganzen Werkes nachdrücklich hervor: Die Keimzelle der motivisch-thematischen Entwicklung des ersten Satzes, die schließlich auch das Ausgangsmoment der Gesamtentwicklung der Komposition darstellt, bildet am Schluß der Symphonie eine (wenn auch vorübergehende) Einheit mit dem Variationsthema, in dem sich die Idee der motivisch-thematischen Integration ebenfalls zentral spiegelt.

Die Coda (Più Allegro, T. 253-311) bringt den Satz und die Symphonie in einer großangelegten Steigerung zum Abschluß. Ausgehend von dem auf der Subdominante einsetzenden Anfang des Variationsthemas, der sich bereits in den Takten 257-260 aufstaut, entwickelt sie sich zunächst aus einer fortspinnungsartigen Sequenz (T. 261-273, vgl. den Kanon im Halbtonabstand zwischen den Holzbläsern und tiefen Streichern), die in einen scharf akzentuierten Marcato-Abschnitt mündet (T. 273-280). Unterbrochen von einer achttaktigen „Variationsreminiszenz" (T. 281-289), leitet er strettaartig (T. 287ff.) zu dem großen e-Moll-Schlußkadenzfeld (T. 301-311) über.

DOKUMENTE

I

Aus einem Brief Elisabet von Herzogenbergs vom 30. Oktober 1885 an Brahms [Briefwechsel II, S. 98ff.]:

Lieber hochverehrter Freund,
Heute trennen wir uns vorschriftsmäßig von der Symphonie, und indem ich ihr ein Abschiedstränlein weine, sage ich Ihnen einen schönen und innigen Dank aus Herzensgrunde dafür, daß Sie so liebreich uns gleich bedachten mit dem Klavierauszuge. Freilich ist's immer ein trübes Glas, aber gottlob kennen wir Brahmssche Musik genug, damit uns die Phantasie im Klange auch nachhelfen könne, und oft hatten wir das Gefühl, wir wüßten bei den andern Sätzen schon ebensogut, wie's eigentlich aussehen müßte, wie beim ersten, dessen wahres Gesicht wir kennen.

Verehrter Freund, wir sind ganz glücklich über diese neue Kundgebung Ihrer Kraft und wollten, es wär' uns gegeben, es Ihnen recht zu sagen, wie viele Bevorzugte es gewiß treffen.

Das Andante ist so neu und eigenartig, so wie Sie nur allein es machen können, aber aus bisher unerschlossenen Kammern Ihres Innern geflossen. (...)

Aber nun der letzte Satz, – ja, erlauben Sie's, daß ich ihn am liebsten hab', oder es jetzt wenigstens glaube? Schon das Thema reißt mich hin, und wie erst in seinen Wandlungen, einmal im Baß, dann wieder oben oder wo versteckt seine Kraft offenbarend (...).

Sie haben neulich gefragt, ob ich den letzten Satz überhaupt aushielte bis zu Ende, und ich muß sagen, meinetwegen könnte er dreimal so lang sein, und ich meine, auch das Publikum muß ihn genießen können, auch ohne das Passacaglia-artige zu verstehen oder zu verfolgen; denn so Lebensvolles, nicht mühsam Fadenspinnendes, sondern stets Neugebärendes, das muß auch wirken, fesseln und hinreißen, dazu braucht man gottlob nicht Musiker zu sein. (...)

II

Aus einer Besprechung zur Uraufführung der IV. Symphonie im *Berliner Courier* vom 1. November 1885 [zitiert nach Bülow, S. 386]:

Für die kleine Schaar, welche nach der Thüringischen Herzogstadt geeilt war, um der ersten Aufführung der neuen, der vierten Sinfonie von Johannes Brahms beizuwohnen, gestalteten sich die Meininger Tage zu einem wahrhaften Musikfeste. (...) Herzog Georg gab nach dem Schlusse der Sätze den Meininger Autochthonen das Zeichen für rauschenden Beifall, der sich am Ende des dritten zur ‚Wiederholungs-Höhe' steigerte. Nach dem letzten erhob sich der Herzog zur Ehre von Brahms und mit ihm das ganze Haus. Wir Gäste hatten unsere Herzensfreude an dieser spontanen und doch so vornehmen Huldigung, welche den Darbringer nicht weniger ehrt als den Gefeierten.

Nachdem das Publikum den Saal verlassen, blieben der Herzog und seine Umgebung sammt den fremden Gästen zurück, um nochmals den ersten und dritten Satz zu hören. Brahms dirigirte diesmal mit womöglich noch größerem Feuer als vorher, das Orchester schien elektrisiert. — Hans v. Bülow meinte zu mir, er habe seit Richard Wagner keinen Dirigenten gesehen, der, wenn er sich für ein Werk interessire, so zu dirigiren verstehe, wie Brahms, der, nebenbei gesagt, am Directionspult mit seinem Meiningen'schen Ordensstern und dem Komthurkreuz um den Hals, die er zu Ehren des Herzogs angelegt hatte, einen höchst würdevollen Eindruck machte.

Wie ich höre, wird Brahms sein Werk vorläufig nur von der Meininger Kapelle aufführen lassen; es ist das eine Courtoisie gegen den Herzog. — Der Abend vereinte uns in dem gastfreundlichen Hause Hans v. Bülow's. — Ein unvergeßlicher Abschluß eines unvergeßlichen Abends. Bülow's Geist sprühte Funken, und die, welche den Künstler nicht ausschließlich aus seinen öffentlichen Reden kennen, wissen, was das zu bedeuten hat.

III

Aus einem Brief Clara Schumanns vom 15. Dezember 1885 an Brahms [Litzmann I, S. 295ff.]:

Diktat. Lieber Johannes,
da soll ich nun diktieren und habe das Herz voll zum Überfließen über Deine Symphonie.

Eine schöne Stunde hat sie mir geschaffen und mich ganz gefangen genommen durch Farbenreichtum und ihre Schönheit sonst. Kaum weiß ich, welchem Satz ich den Vorzug geben soll: dem ersten träumerischen mit seiner herrlichen Durchführung und den wunderbaren Ruhepunkten, dabei der sanft wogenden inneren Bewegung – (es ist, als läge man im Frühling unter blühenden Bäumen, und Freude und Leid zöge durchs Gemüt) oder den letzten so großartig aufgebauten mit seiner ungeheuren Mannigfaltigkeit, und trotz der vielen großen Arbeit so voll tiefer Leidenschaft, die in der Mitte so wunderbar besänftigt, dann aber wieder mit neuer Gewalt auftritt! Sie liegt schon im Hauptmotiv (Thema kann man es wohl nicht nennen). Dann wieder, wie träumt man in dem romantischen Adagio, sogar der dritte Satz ist mir jetzt lieber geworden durch seine reizvolle Lustigkeit. – Könnte ich mit Dir darüber sprechen, die Partitur vor uns! –

Soll ich etwas nennen, was mir nicht ganz behagt, so ist es im ersten Satz das zweite Motiv, das so eigensinnig und so gar nicht sich anschmiegend an das Vorhergehende, während sonst doch gerade bei Dir immer eines aus dem andern sich so wunderbar schön entfaltet. Es ist, als ob Du plötzlich bereutest, sehr liebenswürdig gewesen zu sein. Abgesehen von der Starrheit des Motivs erscheint es mir auch nicht nobel. Im Scherzo ist mir jedesmal eine Länge aufgefallen, auch im Adagio in der Durchführung.

Himmlisch geradezu deucht mir in letzterem der Schluß (...). Ich möchte nicht aufhören und muß es doch – wesentlich erleichtert durch den Gedanken, daß mir noch diesen Winter die Freude werden soll, die Symphonie wieder zu hören und Dir mündlich noch so manches darüber zu sagen. (...)

Neues gibt es nichts von hier zu erzählen, höchstens daß ich neulich die phänomenale Symphonie von Bruckner (gemeint: wohl die 2. Fassung der III. Symphonie; vgl. Max Auer, Anton Bruckner. Sein Leben und Werk, Wien 1934, S. 276) gehört und mich wahrhaft erleichtert fühle, daß ich nun weiß, woran ich bin. Das ist ja ein greuliches Stück, nichts wie Fetzen aneinander gereiht und viel Bombast; dazu nun noch von unverschämter Länge. Die Aufnahme war ein Durchfall. (...)

Leb' wohl, lieber Johannes, und hab' nochmals Dank, daß Du mir den tieferen Einblick in die Symphonie verschafft hast. –

Wie immer
Deine alte Clara.

IV

Max Kalbeck über die Situation anläßlich der Wiener Erstaufführung der IV. Symphonie am 17. Januar 1886 durch das Hofopernorchester unter der Leitung Hans Richters [Kalbeck III/2, S. 456f.]:

In Wien wurde es Brahms übel genommen, daß er Meiningen das Vorrecht der ersten Aufführung zugestanden hatte. Solange er sich darauf ausreden konnte, daß es ihm dort nur um Probe oder Prüfung der Symphonie zu tun wäre, faßte man sich in Geduld. Als aber Nachrichten aus Frankfurt a. M. und kleineren deutschen und niederländischen Städten einliefen, in denen die Meininger mit der Novität unter seiner Leitung und mit ihm Staat machten, nahm die Verstimmung zu, und Hanslicks Bemerkung in der *Neuen Freien Presse*, die Symphonie haben bereits „eine kleine Triumphreise hinter sich" (vgl. Dokumente V), enthält einen leisen Vorwurf für den Komponisten, daß er hinterm Rücken der Wiener mit der Meininger Hofkapelle auf Reisen gegangen war und das längst erwartete Werk am Rhein und in Holland dirigiert hatte.

Brahms wieder wurmte es, wenn er an die sorgsamen Studien und tagelangen Separatübungen Bülows und des ihm ergebenen Meininger Orchesters zurückdachte, daß die Wiener Philharmoniker mit dem Studium der schwierigen Novität ohne ihn und in verhältnismäßig kurzer Zeit fertig wurden. Voll bitterer Ironie scherzt er zu Billroth (...), die Generalprobe sei Samstag (...), und er (Brahms) dürfe sich wohl darauf freuen, – denn morgen, Donnerstag, werde Satz 3 und 4 überhaupt zum ersten Male probiert, vom übrigen Programm sei auch noch keine Note gespielt, und eine Probe dauere knapp zwei Stunden! Das Programm enthielt u.a. noch Hermann Grädeners (ebenfalls neue) Lustspielouvertüre und eine (...) Arie aus Spohrs „Faust" – eine merkwürdige Zusammenstellung! An der e-moll-Symphonie glitten denn auch die schwungvolle Eleganz Hans Richters und die selbstgewisse Virtuosität des Hofopernorchesters ab, und da Brahms nach seiner leidigen Gewohnheit, wenn er einmal verstimmt war, erst recht nichts dreinredete, sondern alles gehen ließ, wie es eben ging, so blieben die Philharmoniker dem Werke das Beste schuldig. Die Zischer im Stehparterre stießen diesmal auf keine entrüstete Opposition, und ein Achtungserfolg war alles, was Brahms davontrug.

V

Besprechung Eduard Hanslicks in der *Neuen Freien Presse* zur Wiener Erstaufführung 1886 [zitiert nach Eduard Hanslick, Aus dem Tagebuche eines Musikers. Der „Modernen Oper" VI. Theil. Kritiken und Schilderungen, Berlin 1892, S. 203ff.]:

Sie hat seit ihrer ersten Aufführung in Meiningen (...) bereits eine kleine Triumphreise hinter sich, und wer die entzückten Berichte (...) gelesen (oder wer sie auch nicht gelesen hat), mußte von Brahms' neuestem Werke Großes und Eigenartiges erwarten. Welche Symphonie aus den letzten dreißig bis vierzig Jahren vermöchte sich den Brahmsschen auch nur annäherungsweise zu vergleichen? Und doch werden in jüngster Zeit mehr Symphonien componirt, als man gemeiniglich glaubt. (...) Es scheint fast, als hätten auf die längere Stockung, die nach Mendelssohn und Schumann auf diesem Gebiete geherrscht, die Erfolge Brahms' plötzlich wieder eine lebendigere Produktion hervorgerufen. Aber nicht jedes hübsche Talent, dem einige Klavierstücke und Lieder geglückt sind, darf sich auf diesen Kampfplatz wagen. Die Symphonie verlangt vollendete Meisterschaft; sie ist der unerbittliche Prüfstein und die höchste Weihe des Instrumental-Componisten. In der Energie echt symphonischer Erfindung, in der souveränen Beherrschung aller Geheimnisse der Contrapunktik, der Harmonie und Instrumentation, in der Logik der Entwicklung bei schönster Freiheit der Phantasie steht Brahms ganz einzig da. Diese Vorzüge finden wir in seiner vierten Symphonie vollständig wieder; ja sie scheinen – zwar nicht in der melodischen Erfindung, doch jedenfalls in der Kunst der Ausführung – noch höher emporgewachsen. Individuelle Vorliebe mag sich mehr der einen oder andern von Brahms' Symphonien zuwenden; unser specieller Liebling ist die dritte. Aber wir möchten nicht verschwören, daß sie es noch bleiben wird, wenn uns einmal ihre jüngere Schwester ebenso bekannt und vertraut geworden. Auf den ersten Blick wird sie keinem ihren reichen Gedankenschaft erschließen, ihre keusche Schönheit enthüllen; ihre Reize sind nicht demokratischer Natur. Männliche Kraft, unbeugsame Konsequenz, ein ans Herbe streifender Ernst – diese Grundzüge aller größeren Werke von Brahms – treten auch in seiner neuen Symphonie bestimmend auf. Sie schaffen sich hier ihre eigene Form, ihre eigene Sprache. Unabhängig von jedem directen Vorbild, leugnen sie doch nirgends ihren idealen Zusammenhang mit Beethoven; ein Moment, das bei Brahms ungleich stärker hervortritt, als bei Mendelssohn und Schumann. Sollen wir nun die neue Symphonie schildern? Der Leser wird wissen wollen, wie der illustre, noch von keinem Verleger photographirte Gast ungefähr aussieht. (...) Die E-moll-Symphonie – doch halt! schon die Wahl der Tonart gehört hier zu den besonderen Kennzeichen; denn seltsamerweise haben weder Mozart, Beethoven und Schubert, noch Mendelssohn oder Schumann je eine Symphonie in E-moll geschrieben. Also die E-moll-Symphonie beginnt ohne jede Einleitung mit einem sehr einfachen, etwas nachdenklich idyllischen Thema, das sich allmählich steigert, entfaltet und in einem strammen, trotzigen Motiv seinen Gegensatz findet. Der (sc. erste) Satz (...) schließt stark und stürmisch. Bei aller Fülle kunstreicher Verschlingungen bleibt das Stück durchwegs klar und übersichtlich; der Hörer, fortwährend lebhaft angeregt, merkt gar nicht und braucht nicht zu merken, daß gleich das Thema mit seinen sanft schluchzenden Noten sich kanonisch im Basse wiederholt. Noch tiefer und unmittelbarer wirkt das Adagio (...), der köstlichste Satz des ganzen Werkes und eine der schönsten Elegieen, die Brahms je geschrieben. Es herrscht darin eine ganz eigene, süße, warme Stimmung, ein schwärmerischer Zauber, der in immer neuen Klangfarben wunderbar aufblüht, bis schließlich alles in sanftem Dämmerlichte leise verhallt. Das Thema des Scherzo (...) tritt sehr derb auf – „hahnebüchen" würde Schumann sagen – bis sein verwegener Humor durch eine zweite, etwas alltäglich klingende Melodie gezähmt wird. (...) Das Finale (...) hebt zwar sehr „energisch" an, scheint uns jedoch in seinem geistreich combinirenden Wesen mehr einen sinnenden als einen „leidenschaftlichen" Zug zu haben. (...) Ganz neu ist diese (sc. Passacaglia-) Form für ein großes Symphonie-Finale und ganz neue jedes Detail darin. Der kunstreichste Satz von allen ist dieser letzte, doch der wenigst populäre, wozu auch seine breitere (...) Ausdehnung beiträgt. Für den Musiker wüßten wir kein zweites modernes Stück, das ihm einen so ergiebigen Schatz fruchtbaren Studiums erschlösse. Wie ein dunkler Brunnen ist dieses Finale; je länger man hineinschaut, desto mehr hellere Sterne glänzen uns entgegen.

VI

Bericht Kalbecks anläßlich der zweiten Aufführung der IV. Symphonie in Wien, die erst 1897 kurz vor Brahms' Tod – mehr als zehn Jahre nach der Erstaufführung – stattfand [Kalbeck IV/2, S. 506f.].

7. März [1897]. (...) Hans Richter bewährt sich als genialer Dirigent bei Brahms' e-moll-Symphonie; seine Auffassung und Ausführung kongruieren mit dem Geiste des gewaltigen Werkes. Beschämt gedenke ich meiner ehemaligen Zweifel, mit denen ich Brahms bestimmen wollte, die Symphonie zurückzuziehen und umzuarbeiten. (...) Brahms wohnte dem Konzert im Hintergrunde der Direktionsloge bei. Seine Anwesenheit war nicht unbemerkt geblieben. Nach dem

ersten Satze brach tosender Beifall los, und Brahms mußte sich endlich an der Brüstung der Loge zeigen. Als sein dunkles Haupt wie ein Geist aus der Versenkung über der Galerie emporstieg, erhob sich das Orchester von seinem Sitze, und alles grüßte und winkte zu dem Drobenstehenden hinauf. Noch zweimal ging es wie ein Erdbeben durch den Saal, nach dem Andante und dem grandiosen Finale. Das Publikum folgte dem Beispiele der Musiker und machte, außer sich vor Schmerz und Begeisterung, den widersprechendsten Gefühlen Luft. Am Schlusse des Konzerts ging Brahms in das Versammlungszimmer der Musiker und dankte in bewegten Worten dem Dirigenten und dem Orchester für die „ganz wundervolle" Aufführung seiner Symphonie. Man hörte die brausenden Hochrufe der Musiker über die Stiegen bis ins Atrium hinunter. Es war wohl der größte Triumph, den Brahms in Wien erlebte, und er fiel zusammen mit seinem letzten Konzertbesuche.

(Johannes Brahms starb am 3. April 1897 in Wien.)

ANMERKUNGEN

1 Kalbecks Datierung dieses Briefes mit 2. Oktober 1885 kann allein auf Grund der von Brahms angekündigten Ankunft des Meininger Orchesters („erst am 1. Oktober") nicht zutreffen, worauf bereits Schmidt hingewiesen hat [Schmidt, S. 187]. Es sei in diesem Zusammenhang angemerkt, daß die Datierungen im Brahms-Briefwechsel häufig nur ermittelt sind. Wir geben hier dennoch die entsprechenden Angaben des publizierten Briefwechsels wieder, ohne zwischen echten und ermittelten Datierungen zu unterscheiden.

2 Vgl. die entsprechenden Dokumente bei Dietrich, S. 42, und Litzmann II, S. 123f.

3 Dazu Floros I, passim

4 Vgl. Mathias Hansen, Anton Bruckner, Leipzig 1987, S. 191ff.

5 Siehe Floros I, S. 56f.

6 Gieselher Schubert, Einführung und Analyse zur Goldmann-Schott-Taschenpartitur der I. Symphonie von Johannes Brahms, München-Mainz 1981, S. 233.

7 Siehe hierzu Michael Mäckelmann, Arnold Schönberg: Fünf Orchesterstücke op. 16 (= Meisterwerke der Musik. Heft 45), München 1987.

8 Hans Gal, Johannes Brahms. Werk und Persönlichkeit, Frankfurt/M. 1961; zitiert nach der Neuauflage von 1980, S. 126.

9 Arnold Schönberg, Briefe, ausgewählt und hrsg. von Erwin Stein, Mainz 1958, S. 185f.

10 Obwohl Schönberg diesen Begriff in dem großen Brahms-Aufsatz nicht gebraucht (in anderen seiner Schriften findet er sich allerdings häufiger auf Brahms bezogen), sei er hier dennoch zur Bezeichnung der von Schönberg beschriebenen Verfahren motivisch-thematischer Integration verwendet.

11 Es sei hier vor allem auf Walther Vetters Untersuchung des ersten Satzes der IV. Symphonie verwiesen, auf die in der Werkanalyse noch einzugehen sein wird (vgl. dort).

12 Mittlerweile erscheint diese Eigenschaft schon fast als Allgemeinplatz, verzichten neuere Analysen doch häufig darauf, die Entdeckerschaft Vetters und Schönbergs zu kennzeichnen. Vgl. beispielsweise Schmidt, S. 217ff.

13 Vgl. hierzu den Hinweis bei Evans, S. 147.

14 Vgl. auch Vetter, S. 8f.

15 Vgl. ebda., S. 83f.

16 Dazu auch Vetter, S. 85f., sowie Harrison, S. 266.

17 Vgl. die interessanten Beobachtungen hierzu bei Vetter, S. 88f.

18 Im Gegensatz zu Vetter, der den Beginn der Durchführung bereits in dem Fragment des 1. Themas der Takte 136-144 sieht [Vetter, S. 131; desgl. auch Schmidt, S.. 223 und S. 226], sei hier der Eintritt der Scheinreprise (T. 144ff., s.o.) als Durchführungsanfang bezeichnet [vgl. auch Mitschka, S. 79]. Sowohl der tonale Kontrast (über den verkürzten Dominantseptnonakkord wird in Takt 145 wieder e-Moll erreicht) als auch der durch den Reprisencharakter klar akzentuierte Neuansatz sprechen hierfür. Gleichwohl muß in Betracht gezogen werden, daß Brahms den Übergang ausdrücklich auskomponiert hat und Expositionsende sowie Durchführungsanfang miteinander verschmolzen sind. (So spricht Schmidt in bezug auf die Takte 136-144 von einer „Vorbereitung" zur Scheinreprise [a.a.O.].)

19 In Ansätzen mag man an dieser Stelle, wie es Schmidt tut [a.a.O., S. 224], tatsächlich Momente jener Idee einer *Klangfarbenmelodie* entdecken, wie sie Arnold Schönberg später konkret erörtern sollte, einer Idee also, die davon ausgeht, daß der Eindruck einer melodischen Bewegung allein durch den Wechsel der Klangfarbe ohne Veränderungen der Tonhöhen hervorgerufen werden kann. Vgl. hierzu Schönbergs Ausführungen am Ende seiner *Harmonielehre*, 3. Auflage, Wien 1922, S. 503f., sowie den dritten Satz („Farben") seiner *Fünf Orchesterstücke* op. 16 (1909), der in manchem als ein Versuch der Realisation der Idee der Klangfarbenmelodie gesehen werden kann. Vgl. auch Mäckelmann, S. 33ff.

20 Schmidt bezeichnet diese Vorform des 1. Themas entsprechend als „Rahmengruppe" [Schmidt, S. 228f.].

21 Urbantschitsch weist darauf hin, daß diese Art der Vorwegnahme schon im Frühwerk Brahms' ein wichtiges „satztechnische(s) Hilfsmittel" in bezug auf die bewußte Annäherung an den „Idealtypus" eines Satzes darstellte, „dessen sämtliche Gruppen und Perioden wie Glieder einer Kette ineinandergreifen" [Urbantschitsch, S. 272].

22 Merkwürdigerweise betont Harrison, in diesem Satz nirgends den „Geist" eines Scherzos entdecken zu können [Harrison, S. 282, Anm. 1]. Im Gegensatz zu ihm bezeichnet Tovey das Allegro giocoso als das „großartigste Scherzo seit Beethoven" („the greatest scherzo since Beethoven" [Tovey, S. 119].

23 Vgl. auch Floros II, S. 211ff.

24 Als künstlerische Dokumente für Brahms' Bach-Verehrung können hier sowohl seine eigenen späten *Choralvorspiele* op. 122 (1896) als insbesondere

auch seine Bach-Bearbeitungen gelten. Unter letzteren sticht die Transkription der großen *Chaconne* aus Bachs *Partita II* in d-Moll für Violine solo (BWV 1004) hervor, die 1877 als Klavier-*Studie* für die linke Hand allein entstanden ist! Es sei in diesem Zusammenhang auch bemerkt, daß verschiedentlich auf die Ähnlichkeit zwischen dem Variationsthema des Finales der IV. Symphonie und dem „Ciacona"-Baß des Schlußchors aus Bachs Kantate „Nach dir, Herr, verlanget mich" (BWV 150) hingewiesen worden ist [vgl. u.a. Browne, S. 66f.; Harrison, S. 292; Mitschka, S. 295; Schmidt, S. 236f.].

Noteneinlage

Wenngleich sich Brahms' Thema von demjenigen Bachs tatsächlich nur durch die hochalterierte IV. Stufe im 5. Takt unterscheidet, könnte es sich bei dieser Korrespondenz wegen der wenig profilierten Themengestalt gleichwohl um einen Zufall handeln. Zu bedenken bleibt freilich, daß Brahms ein enthusiastischer Subskribent der Bach-Gesamtausgabe war, innerhalb deren die genannte Kantate 1884 erschienen ist [vgl. dazu Schmidt, S. 237]. Im März 1885 erlebte Brahms dann die Wiener Erstaufführung von Bachs h-Moll-Messe unter der Leitung Hans Richters. Hierüber berichtet er seinem Freund Theodor Billroth: „Einen solchen Eindruck von Größe und Erhabenheit hast Du noch nicht gehabt! Man sollte dies Menschenwerk auch nicht zutrauen, so erheben und erschüttern zu können. Mir war die Aufführung in jeder Hinsicht eine hohe Freude (...)" [zitiert nach Kalbeck III/2, S. 481, Anm. 1].

25 Vgl. Stefan Kunze, Wolfgang Amadeus Mozart: Sinfonie in C-Dur KV 551. Jupiter-Sinfonie (= Meisterwerke der Musik. Heft 50), München 1988, S. 88ff. und S. 119ff.

26 Vgl. auch die Zusammenstellung bei Harrison, S. 295.

27 Hierauf wurde verschiedentlich aufmerksam gemacht [vgl. u.a. Mitschka, S. 293f.; Schmidt, S. 235f.]. Schon Kalbeck hat darauf verwiesen, daß „Brahms die Variationen zu einem dreiteiligen symphonischen Satz gruppiert" [Kalbeck III/2, S. 479].

AUSGABEN DES WERKES

Brahms' Handexemplar des Erstdruckes der Partitur weist neben kleineren Retuschen im Hinblick auf Ungenauigkeiten des Stiches Änderungen für die Takte 93-94 und 337-338 des ersten Satzes (siehe jeweils 1. und 2. Violine) sowie die Takte 295-298 des dritten Satzes (Hinzufügung der Klarinetten) auf, die als endgültige Fassungen betrachtet werden müssen. In die im Rahmen der Brahms-Gesamtausgabe erschienene Partitur [siehe unter c)] wurden diese Änderungen übernommen [vgl. ebda., Revisionsbericht]. Neben der Partitur der Gesamtausgabe werden als praktische Ausgaben unter c) ausschließlich solche Partituren genannt, die die Lesarten des Brahmsschen Handexemplars übernehmen [vgl. hierzu auch Schmidt, S. 181ff.]. Eine kritische Ausgabe unter Berücksichtigung des im Besitz der Züricher Allgemeinen Musikgesellschaft befindlichen und in der Zentralbibliothek in Zürich verwahrten, heute jedermann zugänglichen Autographs der Partitur [siehe unter a)] fehlt bis heute.

a) Autograph der Partitur

Faksimileausgabe des autographen Manuskripts aus dem Besitz der Allgemeinen Musikgesellschaft Zürich, Einleitung von Günter Birkner, Adliswil-Zürich (1974).

b) Erstdruck der Partitur

N. Simrock, Berlin. Plattennummer 8686 (1886).

c) Weitere Partiturausgaben

1. Johannes Brahms, Sämtliche Werke. Ausgabe der Gesellschaft der Musikfreunde in Wien (Brahms-Gesamtausgabe), Band 2 (Symphonien für Orchester II), hrsg. von Hans Gál, Wien (1926).
2. W. Goldmann, München / B. Schott's Söhne, Mainz. Taschenpartitur, Einführung und Analyse von Christian Martin Schmidt (1980).
3. Universal Edition, Wien. Taschenpartitur (= Philharmonia Partitur Nr. 133) (o.J.).

d) Bearbeitungen

1. Bearbeitung für 2 Klaviere von Johannes Brahms. N. Simrock, Berlin. Plattennummer 8667 (1886).
2. Bearbeitung für Klavier zu 4 Händen von Johannes Brahms. N. Simrock, Berlin. Plattennummer 8712 (1887).

LITERATUR

1. Quellen

Johannes Brahms im Briefwechsel mit Heinrich und Elisabet von Herzogenberg, hrsg. von Max Kalbeck, Band II (= Johannes Brahms, Briefwechsel, Band II), Berlin 1907.

Johannes Brahms im Briefwechsel mit Joseph Joachim, hrsg. von Andreas Moser, Band I und II (= Johannes Brahms, Briefwechsel, Band V und VI), Berlin ^{3}1921 und ^{2}1912.

Johannes Brahms, Briefe an Fritz Simrock, hrsg. von Max Kalbeck, Band III (= Johannes Brahms, Briefwechsel, Band XI), Berlin 1919.

Johannes Brahms im Briefwechsel mit Franz Wüllner, hrsg. von Ernst Wolff (= Johannes Brahms, Briefwechsel, Band XV), Berlin 1921.

Hans von Bülow, Briefe und Schriften, hrsg. von Marie von Bülow, Band VII (= Briefe, Band VI, Meiningen 1880-1886), Leipzig 1907.

Albert Dietrich, Erinnerungen an Johannes Brahms in Briefen besonders aus seiner Jugendzeit, Leipzig 1898.

Berthold Litzmann, Clara Schumann. Ein Künstlerleben. Nach Tagebüchern und Briefen, Band III (Clara Schumann und ihre Freunde. 1856-1896), Leipzig ^{6}1923 [Litzmann II].

Clara Schumann – Johannes Brahms, Briefe aus den Jahren 1853-1896, hrsg. von Berthold Litzmann, Band II (1872-1896), Leipzig 1927 [Litzmann I].

Robert Schumann, Gesammelte Schriften über Musik und Musiker, Band I und II, hrsg. von Martin Kreisig, Leipzig ^{5}1914.

2. Sekundärliteratur

Paul Bekker, Die Sinfonie von Beethoven bis Mahler, Berlin 1918.

P.A. Browne, Brahms. The Symphonies (The Musical Pilgrim), London ^{3}1948.

Elmar Budde, Schönberg und Brahms, in: Bericht über den 1. Kongreß der

Internationalen Schönberg-Gesellschaft 1974, hrsg. von Rudolf Stephan, Wien 1978, S. 20-24.

Max Chop, Johannes Brahms. Symphonien. Geschichtlich und musikalisch analysiert (= Erläuterungen zu Meisterwerken der Tonkunst, Band 31), Leipzig o.J.

Carl Dahlhaus, Brahms und die Idee der Kammermusik, in: Neue Zeitschrift für Musik 134 (1973), S. 559-563.

Carl Dahlhaus, Die Musik des 19. Jahrhunderts (= Neues Handbuch der Musikwissenschaft, Band 6), Wiesbaden-Laaber 1980 [Dahlhaus].

Jonathan Dunsby, Structural Ambiguity in Brahms. Analytical Approaches to Four Works, Ann Arbor 1981.

Eswin Ewans, Handbook to the Chamber and Orchestral Music of Johannes Brahms, Second Series, London 1935.

Constantin Floros, Brahms und Bruckner. Studien zur musikalischen Exegetik, Wiesbaden 1980 [Floros I].

Constantin Floros, Johannes Brahms. Sinfonie Nr. 2 D-Dur, op. 73. (Goldmann-Schott-) Taschen-Partitur. Einführung und Analyse, München-Mainz 1984 [Floros II].

Constantin Floros, Gustav Mahler II. Mahler und die Symphonik des 19. Jahrhunderts in neuer Deutung, Wiesbaden 1977.

Walter Frisch, Brahms and the Principle of Developing Variation, Berkeley-Los Angeles 1984.

Julius Harrison, Brahms and His Four Symphonies, London 1939.

Kurt Hofmann, Die Erstdrucke der Werke von Johannes Brahms (= Musikbibliographische Arbeiten, Band 2), Tutzing 1975.

Max Kalbeck, Johannes Brahms, 8 Halbbände, Berlin ^{2}1912-15 und $^{3/4}$1921 (Reprint: Tutzing 1976).

Rudolf Klein, Die konstruktiven Grundlagen der Brahms-Symphonien, in: Österreichische Musikzeitschrift 23 (1968), S. 258-263.

Rudolf Klein, Die Doppelgerüsttechnik in der Passacaglia der IV. Symphonie von Brahms, in: Österreichische Musikzeitschrift 27 (1972), S. 641-648.

Werner F. Korte, Bruckner und Brahms. Die spätromantische Lösung der autonomen Konzeption, Tutzing 1963.

Siegfried Kross, Johannes Brahms – der Sinfoniker, in: Brahms Studien, Band 5 (Veröffentlichungen der Brahms-Gesellschaft, Hamburg), S. 65-89.

Stefan Kunze, Mozart. Sinfonie in C-Dur KV 551. Jupiter-Sinfonie (= Meisterwerke der Musik. Heft 50), München 1988.

Michael Mäckelmann, Arnold Schönberg. Fünf Orchesterstücke op. 16 (= Meisterwerke der Musik. Heft 45), München 1987.

Margit L. McCorkle, Johannes Brahms. Thematisch-bibliographisches Werkverzeichnis, München 1984.

Arno Mitschka, Der Sonatensatz in den Werken von Johannes Brahms, Diss. Mainz 1961.

Hugo Riemann, Johannes Brahms. IV. Symphonie (E-moll), in: Johannes Brahms. Symphonien und andere Orchesterwerke (= Meisterführer Nr. 3 der Schlesingerschen Musik-Bibliothek, Berlin-Wien [1908] [Riemann I].

Hugo Riemann, Geschichte der Musik seit Beethoven (1800-1900), Berlin-Stuttgart 1901 [Riemann II].

Robert John Rittenhouse, Rhythmic Elements in the Symphonies of Johannes Brahms, Diss. University of Iowa 1967.

Christian Martin Schmidt, Johannes Brahms. Sinfonie Nr. 4 e Moll, op. 98. (Goldmann-Schott-) Taschen-Partitur. Einführung und Analyse, München-Mainz 1980.

Arnold Schönberg, Stil und Gedanke. Aufsätze zur Musik (= Gesammelte Schriften 1), hrsg. von Ivan Vojtech, Frankfurt/M. 1976 [Schönberg GS].

Arnold Schönberg, Style and Idea. Selected Writings, hrsg. von Leonard Stein, London 1975 [Schönberg SI].

Donald Francis Tovey, Essays in Musical Analysis, Volume I (Symphonies), (1935) New York-Toronto ^{13}1968.

Viktor Urbantschitsch, Die Entwicklung der Sonatenform bei Brahms, in: Studien zur Musikwissenschaft 14 (1927), S. 265-285.

Walther Vetter, Der erste Satz von Brahms' e-Moll Symphonie. Ein Beitrag zur Erkenntnis moderner Symphonik, in: Die Musik 13, 3. Quartalsband, Band 51 (1913/14), S. 3-15, S. 83-92, S. 131-145.

Anton Webern, Der Weg zur Neuen Musik, hrsg. von Willi Reich, Wien 1960.

ÜBER DEN VERFASSER

Michael Mäckelmann, geboren 1958 in Uetersen/Holstein, studierte Musikwissenschaften (Constantin Floros) und Theologie (Hans-Peter Müller) in Hamburg. Private Kompositionsstudien. 1984 Promotion im Fach Musikwissenschaft mit einer Arbeit zu dem Thema „Arnold Schönberg und das Judentum" (Hamburg 1984). Veröffentlichungen vor allem zur Musik des 19. und 20. Jahrhunderts. Für die „Meisterwerke der Musik" schrieb er den Band über Schönbergs „Fünf Orchesterstücke" op. 16 (Heft 45, 1987). Zahlreiche Kompositionen, darunter Klavier-, Kammer- und Orchestermusik. 1980-85 Lehrer an einem Gymnasium in Niedersachsen. 1985 wissenschaftlicher Angestellter, 1986 akademischer Rat an der Universität Bayreuth sowie Mitarbeiter am Forschungsinstitut für Musiktheater in Thurnau. 1988 Vertretungsprofessor an der Universität Hamburg. Er verstarb 1989.
Die vorliegende Monographie ist seine letzte abgeschlossene wissenschaftliche Arbeit.